Lernbereiche

 Lesen

 Sprechen

 Texte verfassen

 Sprache untersuchen

 Rechtschreiben

Aufgaben

Aufgabenkennzeichnung nach den Anforderungsbereichen der KMK-Bildungsstandards

(1)   wiedergeben, ausführen, abschreiben ⎫

(2)   überlegen, anwenden, üben   ⎬ Basisaufgaben zum Erreichen der Kompetenzerwartungen

(3)   weiterführen, Ideen und Lösungen entwickeln, begründen ⎭

   Wahlaufgabe ——————————— Differenzierung

   Aufgabe zum Schreiben

   Arbeit von zwei Partnerkindern

Basisbuch
Sprache • Lesen

3

von
Christiane Bruns
Eva Jochmann
Irmgard Mai
Sybille Schaub
Julia Schröder

illustriert von
Eva Czerwenka
Tobias Krejtschi
Katrina Lange

Inhalt

Wir in der Schule — 4
Kartoffeln, Kartoffeln — 20
Fledermäuse — 34
Geheimnisvolles — 50

Morsen, plaudern, mailen — 66
Bei den Wikingern — 82

Unser Wetter 98

Freizeit! 112

Am Teich 128

Ein Buch entsteht 144

Jahreszeiten und Feste 158

Das große Quiz	**168**
Wörterliste	**170**
Inhaltsverzeichnis	**176**
Lerninhalte	**180**

Wir in der Schule

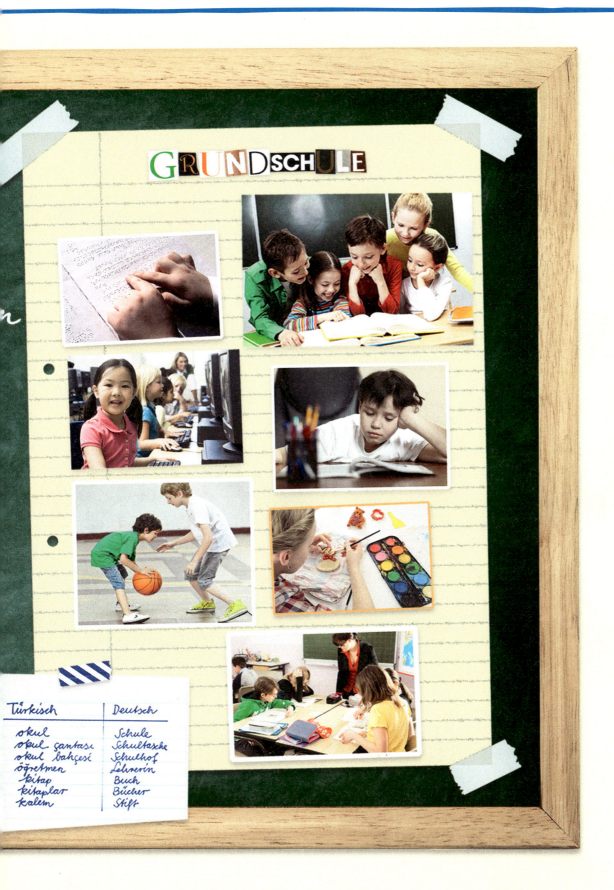

Unterschiedliche Texte lesen: einen Erzähltext

Wieder zurück!

„Und ich freu mich richtig, dass ich euch alle heil wieder hier sehe!",
sagt Frau Kägele. „Ihr habt mir manchmal richtig gefehlt in den langen Ferien!
Und dabei habe ich einen wirklich schönen Urlaub gehabt, in der Türkei",
sagt Frau Kägele. „Und ihr? Hattet ihr auch einen schönen Urlaub?"

5 Da gehen bestimmt zehn Finger in die Luft, und manche Kinder
warten nicht mal, bis Frau Kägele sie drannimmt. Die rufen schon gleich,
wo sie gewesen sind.
„Na, dann wollen wir mal hören, was ihr alles so erlebt habt in den Ferien",
sagt Frau Kägele. Und dann erzählen sie alle, wo sie gewesen sind und
10 was sie erlebt haben.

Kirsten Boie

Was hast du in den Ferien erlebt?

Unterschiedliche Texte lesen: einen Erzähltext

Die Olchis fliegen in die Schule

Die Olchi-Kinder haben den Drachen Feuerstuhl gesattelt und los geht's. Plötzlich entdecken sie die Grundschule von Schmuddelfing und
5 landen auf dem Lehrerparkplatz.

„Feuerstühlchen, du wartest hier. Wir wollen nachsehen, was da los ist", sagen die Olchi-Kinder. Natürlich haben sie keine Ahnung,
10 was eine Schule ist.

Neugierig tippeln sie hinter den Kindern her ins Schulhaus. Sie laufen durch die breite Flügeltür, am Kakao-Automaten
15 vorbei, dann an der Wand entlang, wo die Bilder der 2c hängen. (Wir malen einen Früchtekorb, heißen die Bilder.) Dann geht es die breite Treppe hoch in den ersten
20 Stock, wo die Klassenräume sind.

Vor einem großen gläsernen Schrank bleiben die Olchis stehen. Ausgestopfte Vögel, Mäuse, Wiesel und Lurche sind darin zu sehen.
25 Und sogar ein richtiger Fuchs!

„Ach, du schlapper Schlammlappen, sie töten hier Tiere!", flüstert das eine Olchi-Kind aufgeregt. „Spotz-Teufel, ist das gruselig!"

30 Sie sehen, wie die Kinder in ihren Klassenzimmern verschwinden. Kurz bevor die letzte Tür zugemacht wird, schlüpfen die beiden Olchis mit hinein – ins Zimmer der Klasse 3b.
35 Kaum haben die Kinder die Olchis entdeckt, entsteht ein riesiges Durcheinander.
„Die Olchis sind da! Das sind Olchis!", schreit Sabine. Sie hat schon oft von den Olchis gehört
40 und gelesen.
Die Schulkinder sind begeistert.

Erhard Dietl

Was könnten die Olchis an eurer Schule entdecken?

7

Fragen zum Text beantworten

Sofie vergisst eigentlich nichts

Manchmal bringt Mutter Sofie mit dem Auto zur Schule.
Das findet Sofie gar nicht so gut. Denn dauernd fragt Mutter:
„Hast du auch nichts vergessen? Das Schreibheft? Den Zeichenblock?"
Sofie bläst die Backen auf und sagt: „Ich hab alles."
5 Aber heute brüllt sie: „Mein Zeichenblock!"

Rums! Mutter bremst und dreht eine tolle Kurve.
„Wir schaffen es noch!", sagt sie.
Sofie rennt die Treppe rauf und holt den Zeichenblock.
Nach einer Weile sagt Mutter: „Du könntest auch Danke sagen."
10 Sofie schüttelt den Kopf.
Mutter staunt: „Du bist ganz schön frech."
„Gar nicht", sagt Sofie. „Wegen dir hab ich den Block vergessen.
Weil du immer gefragt hast. Da denk ich dann nicht mehr dran."
„Vielleicht hast du Recht", sagt Mutter.

Peter Härtling

(1) Lies den Text.
Mag Sofie, dass ihre Mutter sie mit dem Auto zur Schule bringt?

(2) Warum soll Sofie Danke sagen?
Warum sagt die Mutter, dass Sofie frech ist?

(3) Warum hat Sofie den Block vergessen?

Was wird die Mutter bei der nächsten Fahrt zur Schule machen?

Sich in eine Figur hineinversetzen

Der fiese Freddy

Mit dem zweiten Klingeln rutscht Pauline gerade noch
rechtzeitig in die Klasse. Da herrscht das große Chaos.
Als sie sich unauffällig neben Hanna auf ihren
Platz setzt, fliegt ihr gleich eine Papierkugel
5 an den Kopf. Freddy steht breitbeinig vor
dem Lehrertisch und grinst frech.
Pauline tut, als sei nichts gewesen.
Sie will keinen Streit.
Luzie gefällt das gar nicht. „Lass dir das
10 nicht gefallen", zischt sie Pauline ins Ohr.
Die will aber nicht hören.
„Hallo, Hanna", begrüßt Pauline stattdessen ihre Freundin.
„Freddy lässt mal wieder voll die Sau raus", sagt Hanna.
Den Eindruck hat Pauline auch. Als ein Heft auf sie zufliegt,
15 duckt sie sich schnell. Es knallt an die Wand und landet dann auf dem Boden.
Frau Krone hat Freddy im Unterricht ganz gut im Griff. Das Schlimme sind
die Pausen, wenn kein Lehrer da ist. Da rastet er besonders gerne aus.

Bianka Minte-König

1 Wie benimmt sich Freddy? Wie verhält sich Pauline?

frech • ängstlich • stark • gemein
zurückhaltend • böse • ruhig
schüchtern • fies • misstrauisch

 2 Welche Eigenschaften passen zu Pauline?
Welche passen zu Freddy? Pauline ist ...,

 3 Finde weitere Eigenschaften, die zu Pauline oder Freddy passen.

 Wann hast du dich so gefühlt wie Pauline oder wie Freddy?
Begründe.

Gesprächsregeln entwickeln und begründen

Im Erzählkreis

(1) Welche Gesprächsregeln beachten diese Kinder? Welche nicht?

(2) Welche Gesprächsregeln habt ihr in eurer Klasse?
Warum sind sie wichtig? Sprecht darüber.

(3) Schreibe zwei wichtige Gesprächsregeln auf.
Begründe, warum sie wichtig sind.

Gestaltet ein Plakat mit euren Gesprächsregeln
für euren Klassenraum.

Eigene Gefühle äußern

Max und Lea

1. Vergleicht die Bilder. Was ist gleich? Was ist anders?
2. Was denkt Lea im oberen Bild? Was denkt sie im unteren Bild? Spielt die Situation nach.
3. Denkt euch eigene Situationen aus und spielt sie.

Anliegen diskutieren und Lösungen suchen

Kartenfieber

Ich heiße Morris und gehe in die dritte Klasse.

An unserer Schule herrscht seit einiger Zeit totales Monsterkarten-Fieber. Auch Jaro, Klara und ich sind davon angesteckt. Voll!

Das ist der Kiosk von Herrn Civa. Hier gibt es die besten Sammelkarten.

Ein echter Sammler muss früher oder später alle Karten haben, denn die Sammlung soll natürlich vollständig sein. Und Jaro, Klara und ich sind echte Sammler!

Ich zum Beispiel bin schon lange auf der Jagd nach einem Irrlicht. Es ist die einzige Karte aus der Kategorie Monster aus Wald und Feld, die mir noch fehlt – abgesehen vom Meistermonster.

Jaro hat ein Irrlicht doppelt.

Martin Klein

1. Was möchte Morris? Sprecht darüber.
2. Welche Möglichkeiten hat er? Sammelt Ideen.
3. Zeichne oder schreibe die Geschichte weiter.
- Gestalte eigene Monsterkarten.

12

Bitten und Wünsche aufschreiben

Post im Klassenbriefkasten

Liebe Derya,

ich würde gerne mal wieder mit dir spielen. Wollen wir uns verabreden?

Deine Paula

Hallo Niklas! Hallo Tim!
Ich kann gar nicht in Ruhe lernen und schreiben, denn ihr wart heute wieder so laut! Seid doch jetzt bitte ein bisschen leiser! Das wäre echt toll!
Vielen Dank! Viele Grüße und bis nachher!

Eure Marie

○ Patrick, du bist echt blöd!

1 Welchen Brief hättest du gern bekommen? Sprecht über die Briefe. Begründet.

2 Schreibe einen Brief in einer gut lesbaren Handschrift. → **Tipp**

Tipp

	Datum
Liebe … / Lieber …	Anrede des Empfängers
Ich wünsche mir …, weil … Könnten Sie bitte …, weil … Es würde mich freuen, wenn …	Wunsch oder Bitte mit Begründung
Viele Grüße	Grußwort

Nomen

Auf der Schultreppe

Anne sitzt auf der Schultreppe und weint. „Was ist denn mit dir los?", fragt eine freundliche Stimme. Anne hebt den Kopf. Vor ihr steht der Hausmeister. „Ich habe meine neue Uhr verloren", seufzt Anne. Gemeinsam suchen sie den Schulhof ab. Neben den Blumen bleibt der Hausmeister stehen. „Was haben wir denn da?", fragt er. „Einen Schmetterling! Und meine Uhr!", ruft Anne.

nach Manfred Mai

 Suche die Nomen im Text. Schreibe sie mit Artikel in der Einzahl und in der Mehrzahl auf: die Schultreppe – die Schultreppen, …

Wunder des Alltags

Manchmal, da habe ich eine Angst.
Manchmal, da habe ich einen Zorn.
Manchmal, da habe ich eine Wut.

Manchmal, da habe ich keine Freude.
Manchmal, da habe ich kein Vertrauen.
Manchmal, da habe ich keinen Mut.

Aber manchmal, da kommt plötzlich jemand
und fragt mich: „Komm du, geht's dir nicht gut?"

Hans Manz

 Suche die Nomen für Gefühle heraus: die Angst, …

 Finde weitere Nomen für Gefühle und schreibe sie mit Artikel auf.

Merksatz

Menschen haben einen Namen. Tiere, Pflanzen und Dinge auch.
Diese Wörter nennen wir Nomen (Substantive).
Nomen gibt es in der Einzahl und in der Mehrzahl.
Man schreibt sie am Anfang groß: **der Kopf – die Köpfe.**
Auch Wörter für Gefühle sind Nomen: **die Freude, das Vertrauen.**

Adjektive

Elisa und Jan

energisch
liebenswert
interessant
sportlich
angriffslustig

jung
albern
nett

1. Schreibe so: die energische Elisa, …
2. Wähle einen Namen.
   Finde zu jedem Buchstaben des Namens ein passendes Adjektiv.

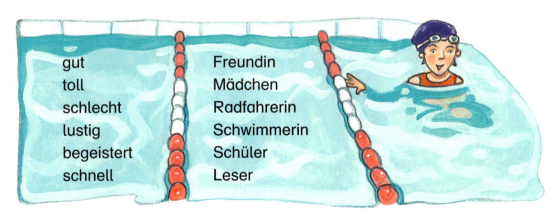

gut   Freundin
toll   Mädchen
schlecht   Radfahrerin
lustig   Schwimmerin
begeistert   Schüler
schnell   Leser

3. Bilde Sätze: Elisa ist eine begeisterte Schwimmerin. Jan ist ein …

Merksatz

Adjektive beschreiben, wie etwas ist oder aussieht:
energisch – die energische Elisa.

10, 149

Wörter mit ä und äu

Schmuck für Klassenräume

Die Kinder der Klasse 3a wollen „Farben in der Natur" sammeln. Sie gehen auf den Schulhof und suchen unter Bäumen,
5 an Sträuchern und in Beeten. Dort finden sie ganz unterschiedlich gefärbte Blätter und Blüten. Manche Gräser haben ein kräftiges Grün, andere sind gelblich.
10 Jonas gefällt die große, rote Blüte am besten. Die Kinder staunen, dass es so viele Farben in der Natur gibt! Sie wählen Pflanzen aus und pflücken sie. Im Klassenraum nehmen sich Lena und Jonas Klebstoff, Schere und Bleistift aus den Mäppchen. Sie zeichnen auf einen Karton Malerpaletten und schneiden sie aus.
15 Lena klebt Blätter in verschiedenen Grüntönen auf eine Palette. Jonas klebt Blüten auf. Die Malerpaletten hängen die Kinder an den Wänden auf.

> Strauch • Blatt • gefallen • Wand • Baum • Mappe • Gras

1 Finde zu den blauen Wörtern im Text das verwandte Wort mit a und au: Bäume ⟵äu⟶ Baum, …

> schäumen • wählen • ängstlich • kräftig • bläulich
> Täubchen • Gebäude • gefärbt • Gänseblümchen

2 Finde auch hier verwandte Wörter.

Merksatz
> Zu vielen Wörtern mit ä oder äu gibt es verwandte Wörter mit a oder au: **Blätter** ⟵ä⟶ **Blatt, Bäume** ⟵äu⟶ **Baum.**

16  11, 161

Gewusst wie: Schwierige Wörter üben

Wörterdetektiv

Schau dir das Rechtschreibtraining auf der nächsten Seite an.
Schwierige Wörter kannst du auch so üben:

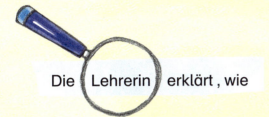

Suche im Text nach Wörtern,
die für dich schwierig sind.
Schreibe die Wörter ab. Kontrolliere,
ob du richtig abgeschrieben hast.

Lies das erste schwierige Wort
und merke es dir.
Schreibe das Wort auswendig auf.

Kontrolliere dein Wort mit der Vorlage.
Wenn du es falsch geschrieben hast,
schreibe es noch einmal richtig auf.

Markiere die schwierigen Stellen
in dem Wort.

Sammelt Wörter
mit Dehnungs-h
auf einem Plakat.

✏ **1** Übe zehn Wörter aus dem Rechtschreibtraining,
die für dich schwierig sind.

12, 155, 156

17

Geübt und gekonnt

Rechtschreibtraining

Die Lehrerin erklärt, wie die Kinder der 3a Wörter mit ä üben können.
Lea denkt sich witzige Sätze dazu aus. Tim malt lieber Häuser
mit bunten Dächern und Gärten. Er träumt davon, im Garten zu sein.
Dann hängen alle Kinder ihre Blätter an die Wände im Klassenraum.

Wörter mit ä und äu

Fächer	<ä>	Fach	Bl tter	<->	
D cher	<->		Sp ße	<->	
St dte	<->		S tze	<->	
H nde	<->		Gl ser	<->	

Übungswörter

erklären
die Sätze
die Häuser
die Dächer
die Gärten
träumen
hängen
die Blätter
die Wände
die Räume

1 Suche verwandte Wörter: Fächer <ä> Fach, …

B me	<äu>	Baum	R me	<->	
H ser	<->		Z ne	<->	
Tr me	<->		M se	<->	
Str cher	<->		Schl che	<->	

2 Suche verwandte Wörter: Bäume <äu> Baum, …

Affe • Katze • Hase
Kalb • Gans • Taube

3 Schreibe die Namen der Tierkinder:
Äffchen, …

Geübt und gekonnt

Nomen

WUTÄRGERANGSTGLÜCKFREUDETRAUERLIEBEZORN

1. Welche Nomen für Gefühle haben sich hier versteckt?
Schreibe sie mit ihrem Artikel auf: die Wut, ...

KLASSE • PAUSE • SCHWIERIG • BLATT • KLUG • KOMISCH • KIND
SCHULE • RAUM • FREUND • MAPPE • RICHTIG • SCHLECHT

2. Suche die Nomen heraus.
Schreibe sie in der Einzahl und in der Mehrzahl auf:
die Klasse – die Klassen, ...

Adjektive

albern • groß • laut • stark   ängstlich • schwach • leise
mutig • schwierig • alt   klein • leicht • jung • ernst

3. Suche zu jedem Adjektiv das Gegenteil:
albern – ernst, ...

Jan ist ein ___ Junge.
Lisa wischt die ___ Tafel.
Der Marienkäfer ist ein ___ Insekt.
Diyar ist ein ___ Fußballer.
Die Rose ist eine ___ Blume.
Ich bastele ein ___ Fensterbild.

klein • mutig
lustig • schön
schmutzig • gut

4. Schreibe die Sätze mit den passenden Adjektiven.
Verändere die Adjektive so, dass sie zum Nomen passen.

Kartoffeln, Kartoffeln

kartofler

Kartoffelsorten

Linda

Eranceline

Süßkartoffel

Vitelotte

Bamberger Hörnchen

La Ratte

Stichwörter aufschreiben

Das Kartoffeljahr

Im **Frühjahr** werden keimende Kartoffeln in die Erde gelegt. Nach ungefähr vier Wochen durchstoßen die Keime den Boden. Unter der Erde wachsen jetzt viele Wurzeln. An ihren Enden bilden sich Kartoffelknollen.

Im **Sommer** blüht die Kartoffelpflanze. Die Blüten sind weiß, rosa oder violett. Daraus entwickeln sich giftige Beeren. Auch alle anderen Pflanzenteile über der Erde sind giftig.

Im **Herbst** wird das Kartoffelkraut über der Erde welk. Die Kartoffelknollen unter der Erde sind jetzt reif. Sie können geerntet werden. Aus einer alten Knolle wachsen 10–15 neue Kartoffeln.

Im **Winter** sollten Kartoffeln im Keller gelagert werden. Dort ist es kühl und dunkel. Wenn der Keller zu warm ist, keimen die Kartoffeln. Bei zu viel Licht werden sie grün und bilden das giftige Solanin.

1. Lies den Text. Suche dir eine Jahreszeit aus. Notiere die farbigen Stichwörter.

2. Erzähle einem anderen Kind, was du gelesen hast. Deine Stichwörter helfen dir.

3. Finde Stichwörter zum Winter. Schreibe sie auf und erzähle.

> Stichwörter sind wichtige Wörter. Sie helfen, sich etwas zu merken.

Informationen im Text finden

Die List von König Friedrich II.

Vor 250 Jahren regierte König Friedrich der Große das Land Preußen. Zu dieser Zeit hatten die Menschen wenig zu essen.
5 Besonders in den Wintermonaten herrschte Hunger. Nach einem besonders schlimmen Hungerwinter ließ Friedrich der Große Kartoffeln an seine Untertanen verteilen.
10 Keiner kannte diese merkwürdige Frucht, die aus Südamerika durch Seefahrer nach Europa gekommen war. Die Menschen untersuchten die Knolle misstrauisch. Sie konnten
15 mit der Kartoffel nichts anfangen und warfen sie den Hunden zum Fressen vor.
Da überlegte sich König Friedrich eine List. Auf allen Feldern rund
20 um die Hauptstadt Berlin ließ er Kartoffeln anpflanzen. Soldaten mussten diese Felder bewachen. Als die Menschen das sahen, dachten sie:

25 „Welch wertvolle Frucht wächst auf diesen Äckern, dass sie sogar bewacht werden muss?"
Als der König merkte, dass die Bevölkerung immer neugieriger
30 wurde, verstärkte er die Wachen. Gleichzeitig befahl er ihnen aber, dass sie nachts schlafen und nicht aufpassen sollten. So kam es, dass die Menschen sich nachts auf
35 die Felder schlichen und Kartoffeln stahlen. Zu Hause probierten sie diese und merkten, dass die Kartoffel gekocht essbar war. Die unbekannte Knolle vergruben sie sogar im
40 eigenen Garten. Im nächsten Frühjahr dann hatten sie genug Knollen, um selber Kartoffeln zu setzen. Immer mehr Bauern pflanzten auf
45 ihren Feldern ebenfalls Kartoffeln an. König Friedrich der Große war zufrieden.

1. Beantworte die Fragen. Die grünen Markierungen helfen dir dabei.
   Wann regierte König Friedrich der Große das Land Preußen?
   Woher kam die Kartoffel nach Europa?

2. Warum schlichen die Menschen nachts auf die Felder? Lies Zeile 28–33.
   Was muss man tun, damit die Kartoffel essbar wird? Lies Zeile 36–38.

3. Was tat König Friedrich, um die Menschen zu überlisten?

Sprichwörter deuten

Sprüche rund um die Kartoffel

Eine faule Kartoffel im Korb steckt viele gesunde an.

Marie kann sich bei der freien Arbeit nicht für eine Aufgabe entscheiden. Erst beginnt sie eine Geschichte zu schreiben, dann rechnet sie, anschließend will sie etwas lesen. Nichts wird richtig fertig.

Michael und Tom sind richtig gute Freunde. Eines Tages aber will Tom nichts mehr mit Michael zu tun haben. Er geht ihm nur noch aus dem Weg.

Er hat ihn fallen lassen wie eine heiße Kartoffel.

Erst sind alle einverstanden, dass der Klassenausflug in den Zoo gehen soll. Doch dann beginnt Anne zu meckern. Mit einem Mal sind zehn andere Kinder auch dagegen.

Rein in die Kartoffeln, raus aus den Kartoffeln.

1. Lies die Sprichwörter und die Geschichten.
2. Was gehört zusammen? Schreibe ein Sprichwort und darunter die passende Geschichte.

Kennst du andere Sprichwörter? Schreibe sie auf. Erfinde eine passende Geschichte. **Oder:** Male dazu.

Ich weiß, was Kartoffel auf Türkisch heißt: patatas

24

Eine Zeichnung lesen

Kartoffeln sind gesund

Kartoffeln sind gesund und halten uns lange satt.
Deshalb gehören sie zu unseren Grundnahrungsmitteln.
Andere Grundnahrungsmittel sind Wasser, Gemüse, Getreide,
Fisch, Fleisch und Eier. Die Nahrungspyramide zeigt, wie wir
uns jeden Tag gesund ernähren können.

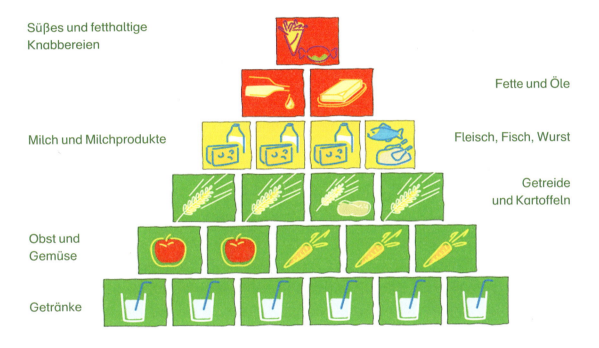

1 Kästchen = 1 Portion (1 Handvoll)

grün = Freie Fahrt!   **gelb** = Achtung!   **rot** = Bremsen!

1 Schau dir die Zeichnung an und erzähle dazu.

2 Wovon sollst du täglich die größte Menge zu dir nehmen?
Wie viele Portionen Obst sollst du jeden Tag essen?
Wovon sollst du jeden Tag viel essen: Gemüse oder Fleisch?
Was erfährst du aus der Nahrungspyramide über Süßigkeiten?

Kartoffeln sind gesund. Was ist mit Pommes frites? Erkläre.

Ein Gespräch nachspielen

Anton kocht

Anton wohnte im vierten Stock. „Das ist fein, dass du mich mal besuchst", sagte er zu Pünktchen. Sie begrüßten einander und standen
5 eine ganze Weile in der Tür.
„Nun aber mal rin in die gute Stube", meinte Pünktchen schließlich. Da lachten sie und Anton ging voran. Er führte sie in die Küche.
10 „Ich koche gerade", sagte er.
„Du kochst?", fragte sie und brachte den Mund gar nicht wieder zu.
„Na ja", sagte er. „Was soll man machen? Meine Mutter ist doch
15 schon so lange krank und da koche ich eben, wenn ich aus der Schule komme. Wir können doch nicht verhungern."
„Bitte, lass dich nicht stören", erklärte
20 Pünktchen, zog den Mantel aus und legte den Hut ab. „Koche ruhig weiter. Ich schaue dir zu. Was gibt's denn heute?"
„Salzkartoffeln", sagte er, nahm einen
25 Topflappen und trat zum Herd.

Auf diesem stand ein Topf, Anton hob den Deckel hoch, spießte mit der Gabel in die Kartoffeln und nickte befriedigt. Er nahm zwei Eier, schlug
30 sie in einen Topf, goss etwas Wasser hinein, nahm eine Tüte, schüttete etwas Weißes hinter den Eiern und dem Wasser her und dann quirlte er mit einem kleinen Quirl darin herum.
35 „Du mein Schreck!", rief er.
„Es werden Klümpchen."
„Warum hast du Zucker hineingeschüttet?", fragte das Mädchen.
„Das war doch Mehl", antwortete
40 Anton. „Ich mache Rührei und wenn man Mehl und Wasser dazuschüttet, werden die Portionen größer als sonst." Pünktchen nickte.
„Und wie viel Salz schüttet man
45 an die Salzkartoffeln?", erkundigte sie sich. „Ein ganzes Pfund oder bloß ein halbes?" Anton lachte laut.
„Viel weniger!", sagte er. „Das könnte ja gut schmecken. Nur ein
50 paar Messerspitzen voll natürlich."

Erich Kästner

Mit deiner Stimme und deinem Gesicht kannst du Freude und Erstaunen ausdrücken.

1. Lest den Text mit verteilten Rollen. Ihr braucht Anton, Pünktchen und einen Erzähler.
2. Spielt das Gespräch nach.

Wie könnte es weitergehen? Spielt es.

Ein Rezept aufschreiben

Bunter Kartoffelsalat

Zutaten für 10 Personen:
20 Kartoffeln
4 Eier
4 Essiggurken
ein kleines Glas Mayonnaise
Pfeffer, Salz

1. Schau dir die Bilder an. Erzähle, was du brauchst und was du tun musst.
2. Schreibe das Rezept gut lesbar auf. → **Tipp**
3. Lasse einen Partner prüfen: Kann er dein Rezept ohne Bilder gut verstehen?

Probiert das Rezept in der Klasse aus.

Tipp

Zutaten:
…

Arbeitsschritte:
Zuerst kocht man die …
Dann …
Danach …
…

Zum Schluss …
Guten Appetit!

Wortbausteine verändern Verben

Kartoffeldruck

Zuerst wasche ich meine Kartoffel und reibe sie trocken. Nun teile ich die Kartoffel in zwei Hälften. Ich zeichne auf die glatte Fläche ein Viereck. Mit einem Messer schneide ich vom Rand bis zu den Linien alles weg. Nur mein Viereck steht noch! Als Nächstes male ich Farbe auf das Viereck. Dann drücke ich die Kartoffel auf ein Blatt. Schon leuchtet dort ein Viereck!

 1 Schreibe den Text ab. Markiere die Verben.

Für den Kartoffeldruck sollen die Kinder ihre Kartoffel durch/ab schneiden.

Sie müssen mit dem Pinsel viel Farbe auf/weg tragen.

Ihre Bilder wollen die Kinder später zu/auf hängen.

Alle können sich dann die bunten Drucke an/hin schauen.

 2 Schreibe sinnvolle Sätze: Für den Kartoffeldruck …

 3 Wähle ein Verb aus. Finde passende Wortbausteine.

> **Merksatz**
>
> Wörter, die sagen, was jemand tut oder was geschieht, nennt man Verben.
> Wortbausteine verändern die Bedeutung von Verben:
> schneiden – durchschneiden, abschneiden.

Verschiedene Satzarten

Ein leckeres Mittagessen

Das Essen ist fertig!

Was gibt es denn?

Es gibt Kartoffelpizza.

Super
Wir brauchen noch Teller   Holst du sie
Na klar
Dann bringe ich die Pizza mit   Oh nein
Was ist passiert
Jetzt müssen wir die Kartoffelpizza wohl vom Boden essen
Na dann, guten Appetit

1 Lest das Gespräch mit verteilten Rollen. Achtet auf die Betonung.

2 Schreibe den Text ab. Setze dabei die richtigen Satzschlusszeichen ein.

Brauchen wir zum Essen Geschirr und Besteck? Zum Essen   .
Freut sich Sina auf ein leckeres Mittagessen? Sina   .
Essen   ? Viele Menschen essen gerne Kartoffeln.
Kocht Lukas   ? In der Küche kocht Lukas Knusperkartoffeln.

3 Schreibe die Sätze ab. Ergänze die Aussagen und Fragen:
Brauchen wir zum Essen Geschirr und Besteck?
Zum Essen brauchen wir Geschirr und Besteck.

Schreibe eigene Fragen und verwandle sie in Aussagen.

Merksatz

Am Ende einer **Aussage** steht ein **Punkt**. **.**
Am Ende einer **Frage** steht ein **Fragezeichen**. **?**
Nach einer **Aufforderung** oder einem **Ausruf** steht ein **Ausrufezeichen**. **!**

Wörter mit doppelten Konsonanten

Im Kartoffelrestaurant

Speisekarte

Kartoffelsuppe	3,50 €
Pellkartoffeln mit Butter	4,20 €
dünne Kartoffelpuffer mit Apfelmus	4,00 €
Bratkartoffeln mit Salz und Pfeffer	4,40 €
Pizza spezial mit viel Gemüse	4,20 €
Vanillepudding	3,00 €
Schokoladeneis	3,00 €
Apfelsaft	2,00 €
Mineralwasser	1,50 €

Hier essen Sie gut und billig!

1. Schreibe alle Wörter mit doppelten Konsonanten auf.

2. Markiere den kurzen Vokal mit einem Punkt. Übermale den doppelten Konsonanten gelb:
   Kartoffelsuppe, …

3. Bilde Sätze, in denen diese Wörter vorkommen.

   Schreibe und gestalte eine Speisekarte mit deinen Lieblingsgerichten.

Merksatz

Hört man nach einem kurzen Vokal nur einen Konsonanten, dann wird dieser Konsonant verdoppelt: Butter, Pfeffer.

23, 24, 159, 160

Gewusst wie: Fehlerwörter üben

Die Trainingskarte

Mit der Trainingskarte übst du, deine Fehlerwörter richtig zu schreiben.
Deine Lehrerin oder dein Lehrer schreibt dir die Wörter auf deine Karte.
Du trainierst mit einem Partnerkind.

Dein Partnerkind nimmt deine Karte und diktiert dir das erste Wort.
Nachdenkwörter diktiert es so:
„Tag. Tag gehört zu …?"
Du sagst dann:
„Tag gehört zu Tage, deshalb mit g."

Schreibe das Wort in dein Heft.
Dein Partnerkind kontrolliert.

Hast du das Wort richtig geschrieben, macht dein Partnerkind einen senkrechten Strich hinter das Wort.

Der fünfte Strich wird so gezeichnet: ⅢIT.
Jetzt kannst du das Wort richtig schreiben!

Dein Partnerkind diktiert das nächste Wort.
Wichtig: Jedes Wort darfst du an einem Tag nur einmal schreiben!

Geübt und gekonnt

Rechtschreibtraining

Jeden Tag essen wir verschiedene Lebensmittel. Wir lassen uns Gemüse, Obst, Kartoffeln, aber auch Brot, Milch und Fleisch schmecken. So ernähren wir uns richtig. Dazu müssen wir immer reichlich Wasser trinken. Zu viel Fett und Zucker sind für unseren Körper nicht gesund. Aber Pizza und Pudding schmecken so gut!

Wörter mit doppelten Konsonanten

Übungswörter

essen
die Lebensmittel
lassen
die Kartoffeln
müssen
immer
das Wasser
das Fett
die Pizza
der Pudding
die Suppe
billig
dünn

Butter • kennen • • stumm

knallen • • Fett •

schnell • voll • • kippen

1. Schreibe die Wörter auf.
   Markiere kurze Vokale und doppelte Konsonanten.

2. Finde Reimwörter zu den Wörtern
   in Aufgabe 1: Butter – Mutter, …

3. Suche weitere Wörter mit doppelten Konsonanten
   in der Wörterliste.

Verschiedene Satzarten

Warum regnet es heute   Du bist blöd
Hunde können bellen   Renn nicht weg
Jedes Jahr hat zwölf Monate Malen alle Kinder gerne
Ich suche mein Etui   Stopp   Bist du mein Freund

4. Schreibe die Sätze mit den richtigen Satzschlusszeichen.

32

Geübt und gekonnt

Verben

Wer mäuschenstill am Bache sitzt,
kann hören, wie ein Fischlein flitzt.

Wer mäuschenstill im Grase liegt,
kann hören, wie ein Falter fliegt.

Wer mäuschenstill im Bette lauscht,
kann hören, wie der Regen rauscht.

Wer mäuschenstill ist und nicht brummt,
kann hören, wie die Biene summt.

Wer mäuschenstill im Walde steht,
kann hören, wie ein Rehlein geht.

Wer mäuschenstill ist und nicht stört,
kann hören, was man sonst nicht hört.

Alfred Könner

1 Finde die Verben im Gedicht:
sitzt, …

Wortbausteine verändern Verben

ausschneiden • abschneiden • zerschneiden • hinschneiden
anhalten • überhalten • aushalten • behalten
vorsagen • ansagen • zersagen • absagen
wegmalen • ausmalen • bemalen • abmalen

2 In jeder Zeile steht ein Verb, das es gar nicht gibt.
Finde diese Kuckuckseier. Schreibe nur die Verben auf, die es gibt.

Fledermäuse

Unterschiedliche Texte lesen: einen Erzähltext

Kopf hoch, Fledermaus!

Die Fledermaus sieht die Welt anders als der Löwe, der Elefant, die Giraffe und die Ziege. Die wilden Tiere denken, sie ist ein dummes Flattertier, mit dem man nichts anfangen kann. Sie finden, dass die Fledermaus spinnt. Doch dann hat die weise Eule eine Idee.

5   Die Eule schaute nachdenklich vor sich hin und sagte:
„Ich werde der Fledermaus ein paar einfache Fragen stellen und dann entscheiden, ob hier jemand den Kopf untersucht haben muss."
Also gingen alle zur Fledermaus.
Die Eule fragte: „Wie sieht ein Baum aus?"
10 „Das ist leicht", sagte die Fledermaus. „Ein Baum hat ganz oben einen Stamm und ganz unten Blätter."
„Siehst du Eule? Die Fledermaus ist blöd!", lachte das Giraffenkalb.
„Wie sieht ein Berg aus?"
„Das ist noch leichter!", sagte die Fledermaus. „Ein Berg hat
15 oben ein flaches Stück und ein spitzes Stück hängt nach unten."
„Du dumme alte Fledermaus!", sagte das Ziegenkind.
„Die Fledermaus ist verrückt!", schrien alle.
„Eine letzte Frage!", sagte die Eule. „Diesmal möchte ich, dass alle sie beantworten – außer der Fledermaus."
20 „Einverstanden", sagten die jungen wilden Tiere.
Die weise Eule sagte: „Habt ihr jemals versucht, die Dinge so zu betrachten, wie die Fledermaus sie sieht?"
Die Eule ließ alle kopfüber an einem Ast hängen – genau wie die Fledermaus.

„Oooh", sagte das Ziegenkind. „Die Fledermaus hatte Recht. Wenn man das so sieht …"

Jeanne Willis

> Versucht, die Dinge so zu sehen wie die Fledermaus.

36

Unterschiedliche Texte lesen: einen Erzähltext

Stellaluna

Weit von hier lebte in einem tropischen Wald eine Flughundmutter mit ihrem neugeborenen Kind. Die Flughundmutter liebte ihr Kind
5 sehr. Und wenn sie nachts auf Nahrungssuche flog, trug sie es dicht an ihre Brust gepresst.
„Ich werde dich Stellaluna nennen", summte sie.
10 Eines Nachts wurden sie von einer Eule erspäht. Fast lautlos stieß der mächtige Vogel auf die Flughunde herab. Kreischend versuchte die Flughund-
15 mutter zu entkommen, aber die Eule griff wieder und wieder an. Stellaluna verlor ihren Halt und fiel hinunter in den Wald, schneller und schneller.
20 Das Gewirr der Äste fing Stellaluna auf. Sie klammerte sich fest, zitternd vor Kälte und Furcht.
„Mama", piepste sie, „wo bist du?"
Bei Tagesanbruch war Stellaluna
25 erschöpft. Sie ließ los. Wieder fiel sie tiefer und tiefer. Rums! Stellaluna war kopfüber in einem flaumweichen Nest gelandet und erschreckte die drei Vogelkinder, die dort wohnten.
30 Schnell kletterte sie aus dem Nest und hängte sich darunter.

Sie hörte die Vogelkinder plappern.
„Was war das?", piepste Flap.
„Ich weiß nicht, aber es hängt
35 an seinen Füßen!", zirpte Flitter.
„Psssst! Da kommt Mama", zischelte Pip. Die Vogelmutter flog den ganzen Tag hin und her. Jedes Mal kam sie mit Nahrung
40 für ihre Kinder zurück. Stellaluna hatte inzwischen schrecklichen Hunger – aber nicht auf all das krabbelnde Zeug, das die Vogelmutter mitbrachte. Doch schließlich konnte es Stellaluna
45 nicht mehr aushalten. Sie kletterte ins Nest, schloss die Augen und öffnete mutig ihr Mäulchen. Plop! Ein dicker grüner Grashüpfer fiel hinein. Stellaluna versuchte ein Vogel
50 zu werden. Am Tag blieb sie wach und nachts schlief sie. Sie fraß Insekten, obwohl sie grässlich schmeckten. Nur eines konnte sie sich nicht abgewöhnen: Stellaluna
55 schlief immer noch am liebsten an den Füßen hängend.

Janell Cannon

Stellaluna versuchte, ein Vogel zu werden. Meint ihr, sie hat das geschafft?

Sich Gelesenes vorstellen

Das Ding am Fenster

Anton war allein in der Wohnung. Er saß auf seinem Bett und las „Die Wahrheit über Frankenstein". Im Fernsehen lief das Sport-
5 programm. Im Zimmer war es schummrig-düster. Das Bett war seine Höhle, wenn er wollte, konnte er sich darin verkriechen und unsichtbar werden.

10 Sehnsüchtig dachte Anton an die Flasche Apfelsaft im Kühlschrank – aber bis dahin war es ein langer Weg über den dunklen Flur! Er hasste den Flur mit der ewig
15 kaputten Lampe, die keiner reparierte! Er hasste die Mäntel an der Garderobe, die wie Wasserleichen aussahen! Und jetzt grauste ihm sogar vor dem ausgestopften
20 Hasen in Mutters Arbeitszimmer, obwohl er sonst so gern anderen Kindern einen Schrecken damit einjagte.

Endlich hatte er die Küche erreicht.
25 Er nahm die Apfelsaftflasche aus dem Kühlschrank. Anton klemmte die Flasche unter den Arm und sauste los. Aber er kam nicht weit. Schon im Flur merkte er plötzlich,
30 dass etwas nicht stimmte. Er blieb stehen und horchte.

Auf einmal wusste er, was war: Er hörte den Fernsehton nicht mehr! Das konnte nur eins bedeuten:
35 Irgendwer musste sich ins Zimmer geschlichen haben!

Anton spürte, wie sein Herz einen Sprung machte, dann klopfte es wie verrückt. Und vom Bauch hoch
40 stieg so ein komisches Kribbeln und blieb im Hals stecken. Das Fenster im Zimmer hatte offen gestanden, fiel Anton ein – der Einbrecher könnte also über den Nachbarbalkon
45 hereingeklettert sein. Ob er sich die Sache mit dem Einbrecher nur einbildete?

Plötzlich krachte es: Die Apfelsaftflasche war Anton aus der Hand
50 gefallen und rollte über den Flur, genau bis vor die Zimmertür. Anton hielt die Luft an und wartete, aber nichts passierte. Ob er sich die Sache mit dem Einbrecher nur
55 einbildete? Aber warum ging dann der Fernseher nicht mehr?

Vorsichtig öffnete er die Tür zu seinem Zimmer. Ein merkwürdiger Geruch stieg ihm in die Nase,
60 modrig und muffig wie im Keller. Da hörte Anton ein seltsames Knacken. Und auf einmal glaubte er, hinter dem Vorhang einen Schatten zu sehen. Ganz langsam, mit
65 weichen Knien schlich er näher. Der komische Geruch wurde stärker. Auch das Knacken wurde lauter.

Plötzlich blieb Anton stehen – auf dem Fensterbrett, vor der flatternden
70 Gardine, saß etwas und starrte ihn an. Es sah so schrecklich aus, dass Anton dachte, er müsste tot umfallen.

Zwei kleine blutunterlaufene Augen funkelten ihm aus einem kalkweißen
75 Gesicht entgegen, zottiges Haar hing in langen Strähnen bis auf einen fleckigen, schwarzen Umhang herab. Der riesige blutrote Mund öffnete und schloss sich und dabei stießen
80 die Zähne, die leuchtend weiß und spitz wie Dolche waren, mit einem abscheulichen Klicken aufeinander. Anton sträubten sich die Haare und das Blut stockte in seinen Adern.
85 Das Ding am Fenster war schlimmer als King Kong, schlimmer als Frankenstein und schlimmer als Dracula! Es war das Grauenvollste, was Anton je gesehen hatte!

Angela Sommer-Bodenburg

1 Lies die Geschichte.
Stell dir das Ding am Fenster genau vor und male es.

2 Stellt eure Bilder vor und sprecht darüber.

Wie könnte die Geschichte weitergehen?

Lass dir die Geschichte vorlesen.

Stichwörter finden und aufschreiben

Die Fledermaus

In Deutschland gibt es 24 verschiedene Fledermausarten, zum Beispiel gehören dazu die Abendsegler, die Mausohren, die Zwergfledermäuse und die Wasserfledermäuse. Obwohl Fledermäuse sehr gut fliegen können, sind sie keine Vögel. Sie gehören zu den Säugetieren.

5 Die Fledermaus ist ein Nachttier. In der Dunkelheit geht sie auf die Jagd nach Insekten. Jagende Fledermäuse sind in der Stadt keine Seltenheit. Straßenlaternen ziehen Insekten an. Fledermäuse fressen Mücken, Käfer oder Nachtfalter.

Fledermäuse leben in der Stadt unter Dachziegeln, Rollladenkästen oder
10 in Mauerhohlräumen. Tagsüber schlafen sie mit dem Kopf nach unten. Dazu hängen sie sich mit ihren Füßen an die Decke. Fledermauswohnungen werden seltener. Dafür bieten Fledermausnistkästen im Garten oder auf dem Balkon den Fledermäusen Unterschlupf.

1 Lies den Text. Notiere zu dieser Frage Stichwörter:
Welche Fledermausarten werden im Text genannt?

2 Notiere auch zu diesen Fragen Stichwörter:
Was machen Fledermäuse nachts?
Was machen Fledermäuse tagsüber?

Wähle eine Frage aus. Erzähle einem anderen Kind.
Deine Stichwörter helfen dir dabei.

Einen Vortrag halten

Fledermäuse sehen mit den Ohren

Fledermäuse jagen in der Nacht Insekten.
Sie können im Dunkeln ihre Beute und
Hindernisse ausfindig machen.
Dazu benutzen sie nicht ihre Augen,
sondern ihre Ohren.

Die Fledermaus stößt durch ihren Mund
oder ihre Nase ganz hohe Töne aus.
Die Töne setzen Luftwellen in Bewegung.

Wenn diese Wellen auf ein Insekt oder einen
Gegenstand treffen, werden sie wie ein Echo
zurückgeworfen. Die großen Fledermausohren
hören das Echo.

Die Fledermaus erkennt, wie weit das Insekt
entfernt ist. Sie fliegt zum Insekt und fängt
ihre Beute.

 1) Lest den ersten Abschnitt still.
Tragt einander vor, was ihr erfahren habt.

2) Lies den ganzen Text. Frage nach,
wenn du etwas nicht verstanden hast.

 3) Bereite einen Vortrag vor, wie Fledermäuse
mit den Ohren sehen. Benutze auch Bilder.

4) Trage deinen Vortrag in der Klasse vor.
Sprich laut und deutlich. Schau deine Zuhörer an.

5) Gebt einander Rückmeldung und begründet eure Aussagen.

Stichwörter helfen dir.

41

Sachtexte planen

Informationen zu Fledermäusen suchen

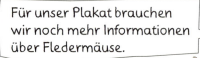

Für unser Plakat brauchen wir noch mehr Informationen über Fledermäuse.

Ich habe eine Zeitschrift.

Ich bringe mein Tierlexikon mit. Es hat am Ende ein Register mit Stichwörtern. Man kann so ganz schnell die richtige Seite finden.

Wir können auch im Internet suchen. Bei www.blindekuh.de oder bei www.helles-koepfchen.de finden wir bestimmt etwas.

Super, ich habe Broschüren über Fledermäuse.

Gib das Stichwort ein und drücke ENTER: ↵

Verschiedene Treffer werden angezeigt. Jeder Treffer steht für eine neue Seite.

Wähle eine Seite aus.

1. Wo wollen die Kinder Informationen über Fledermäuse suchen?
2. Was interessiert dich an Fledermäusen? Schreibe wichtige Fragen auf.
- In welchem Medium suchst du am liebsten Informationen? Warum?

Gewusst wie: Ein Themenplakat entwerfen

Wie vermehren sich Fledermäuse?

Schreibt euer Thema als Überschrift groß und deutlich auf ein Plakat.

Im Herbst paaren sich die Fledermäuse. Dann machen sie Winterschlaf.

Im Frühjahr wachen sie wieder auf. Im Sommer bereitet sich das Weibchen auf die Geburt vor. Es hängt sich kopfüber auf.

Die Fledermaus bildet mit ihren Flügeln eine Tasche. Das Fledermausbaby fällt bei der Geburt hinein.

Schreibt eure Texte auf einzelne Papierblätter. Eure Schrift muss so groß sein, dass sie von Weitem zu lesen ist. Ihr könnt die Texte auch auf dem Computer schreiben.

Malt passende Bilder oder schneidet Abbildungen aus. Schreibt Bildunterschriften dazu.

Legt die Texte und Bilder auf das Plakat. Ordnet sie übersichtlich an. Klebt sie auf.

43

Verben: Grundform, Personalform

Fledermäuse beobachten

Ich ___ im Gras neben einem alten Baum und
ich ___ Fledermäuse. Ich ___ eine Fledermaus.
Sie ___ zu einer Straßenlaterne. Es ___ dort
viele Insekten. Sie ___ zum Licht.
Plötzlich ___ ich noch eine Fledermaus.
Sie ___ aus dem Loch im Baum. Da kommt Tim.
Er ___ eine Taschenlampe in der Hand.
Wir ___ noch mehr Fledermäuse am Himmel.
___ du auch welche?

> liege • beobachte • höre • fliegt • gibt • flattern
> entdecke • kommt • hält • suchen • findest

1 Schreibe den Text ab.
Setze dabei die Verben richtig ein.

2 Lege eine Tabelle an. Ordne darin
jeder Personalform die richtige Grundform zu:

Personalform	Grundform
ich liege	liegen
ich beobachte	...

es gibt – geben

 Wähle zwei Verben und schreibe sie in allen Personalformen auf.

Merksatz

Verben haben eine Grundform (Nennform): **fliegen**.
Verben haben verschiedene Personalformen (gebeugte Formen):
ich fliege   **wir fliegen**
du fliegst   **ihr fliegt**
er fliegt, sie fliegt, es fliegt   **sie (alle) fliegen**

Wortstamm und Wortfamilie

Das Große Mausohr

Die größten in Deutschland lebenden
Fledermäuse sind die Großen Mausohren.
Sie haben große, mausartige Ohren
und einen weißen Bauch.
5 Ihr Lebensraum ist Mittel- und Südeuropa.
In warmen Ländern wohnen sie das ganze Jahr über in Höhlen.
In Deutschland leben sie im Sommer auf Dachböden.
Ihren Winterschlaf verbringen Große Mausohren, indem sie in Gruppen
wie leblos von Höhlendecken hängen. Große Mausohren ernähren sich
10 hauptsächlich von Käfern, aber auch von anderen kleinen Lebewesen.
Diese jagen sie auf Feldern und Wiesen. Im letzten Jahrhundert konnten
die Großen Mausohren nur schwer überleben, da ihre Beute durch Insektengift
vernichtet wurde. Die Lebensdauer der Großen Mausohren beträgt 4–5 Jahre.
Einzelne Tiere werden sogar über 20 Jahre alt.

1 Suche aus dem Text alle Wörter mit dem Wortstamm leb.
Markiere in jedem Wort den Wortstamm: lebenden, …

schutzlos • gejagt • Naturschutz
verjagen • Jäger • schutzbedürftig
Jagd • geschützt • Jagdhund • Schutz

2 Ordne die Wörter nach ihren Wortfamilien.
Unterstreiche den Wortstamm: schutzlos, …
gejagt, …

Manchmal verändert sich
der Vokal im Wortstamm:
jagen – Jäger.

3 Finde Wörter zum Wortstamm such: suchen, …

Merksatz

Wörter mit dem gleichen **Wortstamm** gehören zu einer **Wortfamilie**.
Zu einer Wortfamilie können verschiedene Wortarten gehören:
leben, der Lebensraum, leblos.

Gewusst wie: Nachschlagen im Wörterbuch

Wörter im Wörterbuch finden

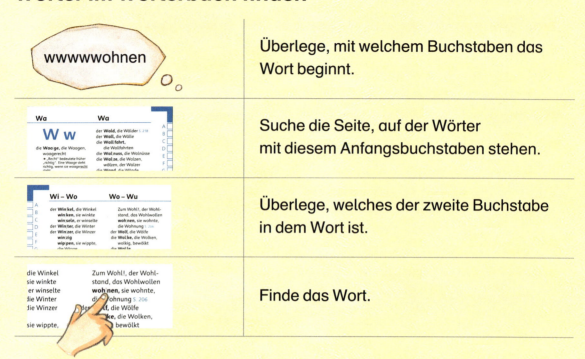

wwwwohnen	Überlege, mit welchem Buchstaben das Wort beginnt.
(Wa-Seite)	Suche die Seite, auf der Wörter mit diesem Anfangsbuchstaben stehen.
(Wi–Wo / Wo–Wu)	Überlege, welches der zweite Buchstabe in dem Wort ist.
(wohnen)	Finde das Wort.

1 Schlage die Wörter im Wörterbuch nach: *fangen, S. ____, …*

fangen • Ohr • jagen • Tag • füttern • fliegen • Abend • hängen

frisst	Du suchst ein Verb in der Personalform.
(fressen, du frisst)	Im Wörterbuch stehen Verben in der Grundform. Suche die Grundform. Schwierige Personalformen stehen hinter der Grundform.

2 Schlage die Wörter im Wörterbuch nach: *sie saugt – saugen, S. ____, …*

sie saugt • sie spricht • er rät • sie erschrickt • er wirft • sie weiß

46  35, 157, 158

b oder p, d oder t, g oder k?

Fledermäuse bei Tag und Nacht

✏️ ① Suche zu den Wörtern im Bild verwandte Wörter: Mond ←d→ Monde, …

sie ja✼t • sie flie✼t • es spu✼t • sie hän✼t • er blei✼t • er fän✼t

sie stir✼t • sie le✼t • es klin✼t • er pie✼t • sie sau✼t • er wie✼t

✏️ ② Suche auch hier verwandte Wörter: sie jagt ←g→ jagen, …

✏️🐾 Wähle ein Verb aus. Schreibe es in allen Personalformen auf.
Ich …, du …

Merksatz

Bei manchen Wörtern kannst du nicht hören, wie sie geschrieben werden.
Um es herauszufinden, musst du ein verwandtes Wort suchen:
Feld ←d→ Felder, jagt ←g→ jagen.

36, 161 47

Geübt und gekonnt

Rechtschreibtraining

Am Tag hängt die Fledermaus an der Decke oder an der Wand. Sie schläft. Am Abend fliegt sie aus und jagt ihre Beute. Ihr Flug in der Nacht führt über Felder und Wiesen. Dabei sind ihre Ohren sehr wichtig. Leider gibt es immer weniger Insekten für Fledermäuse. Viele Insekten werden vernichtet. Wohnungen für Fledermäuse werden seltener. So können sie nur schwer überleben. Fledermäuse müssen geschützt werden!

Nachschlagen im Wörterbuch

Mücke • Schmetterling • Fliege • Wespe • Biene

1. Ordne die Wörter nach dem Alphabet.

gar • goldig • groß • glatt • gut • giftig • gesund

2. Ordne die Wörter nach dem Alphabet.
   Achte besonders auf den zweiten Buchstaben.

kommen • gehen • schwimmen • rennen • springen

3. Auf welcher Seite im Wörterbuch stehen
   diese Wörter? kommen: S. ___, …

sie bricht • er sticht • sie empfiehlt • sie trägt • sie stiehlt

4. Schlage diese Wörter im Wörterbuch nach und schreibe
   ihre Grundform dazu: sie bricht – brechen, S. ___, …

Übungswörter

der Tag
hängen
die Wand
der Abend
fliegen
jagen
der Flug
die Felder
wichtig
geben
es gibt
wenig

48

Geübt und gekonnt

Wortstamm und Wortfamilie

Lesebuch • unleserlich • Leseratte • lesbar • Leserbrief

1 Schreibe die Wörter der Wortfamilie lesen auf. Markiere den Wortstamm:
lesen: Lesebuch, ...

Arbeitszeit • arbeitslos • Sprechstunde • Arbeit • versprechen
Sprachbuch • bearbeiten • widersprechen • Arbeitsplatz • Sprecher

2 Ordne die Wörter nach ihren Wortfamilien. Markiere den Wortstamm:
Arbeitszeit, ...
Sprechstunde, ...

b oder p, d oder t, g oder k?

Bro_ • Hun_ • Hem_ • Bur_ • Klei_ • Pfer_ • Wor_

Kor_ • Lan_ • Fabri_ • Zwer_ • We_ • Zu_ • Ban_ • Ta_

3 Suche verwandte Wörter: Brot ←t→ Brote, ...

er he_t • sie gi_t • es na_t • sie hu_t

sie schwe_t • er sa_t • sie ü_t • er qua_t

4 Suche auch hier verwandte Wörter: er hebt ←b→ heben, ...

Verben: Grundform, Personalform

singen • fangen

5 Schreibe die Verben in allen Personalformen auf:
Ich singe, du ..., er ..., sie ..., es ..., wir ..., ihr ..., sie (alle) ...

Geheimnisvolles

Schatzkarte

An der nördlichsten Spitze der Insel ist ein Felsen. Von dort aus sind es sieben Schritte in die Richtung, in der die Sonne im Meer runtergeht. Dort findest du

Unterschiedliche Texte lesen: einen Erzähltext

Oskar ist verschwunden

Rico lebt in einem Mietshaus in der Dieffe. Das ist eine Straße in Berlin-Kreuzberg.
Ein Kidnapper – Mister 2000 –
5 *hat schon fünf Kinder entführt und jedes gegen ein Lösegeld von 2000 € wieder freigelassen. Eins der entführten Kinder war die kleine Sophia. Jetzt ist Ricos*
10 *Freund Oskar verschwunden.*

Lies nur die blauen Abschnitte.
Oder: Lies den ganzen Text.

Ich wurde den Verdacht nicht los, dass Oskar auf eigene Faust versucht hatte, Mister 2000 aufzuspüren. Wie er auf diese
15 beknackte Idee gekommen war und warum seine Suche ihn letzten Samstag in die Dieffe verschlagen hatte, wusste ich nicht. Er musste einem Hinweis
20 nachgegangen sein, den er von Sophia erhalten hatte.
Einen entscheidenden Hinweis, den Sophia der Polizei entweder nicht gegeben oder den keiner
25 ernst genommen hatte.

Mir schwirrte der Kopf so sehr, dass es fast wehtat. Hatte Mister 2000 Oskar gar nicht zufällig ausgesucht, sondern ihn deswegen gekidnappt,
30 weil er ihm auf die Schliche gekommen war? Wollte Oskar Mister 2000 allein überführen und hatte sich deshalb freiwillig als Opfer angeboten, indem er einfach jeden Tag ein bisschen
35 allein durch die Gegend gelaufen war? Und falls das so war, warum hatte Oskar niemanden in seinen Plan eingeweiht?

52

Rico hat den Verdacht, dass Oskar in dem verlassenen Hinterhaus seines Wohnblocks gefangen gehalten wird. Vom Dachgarten gibt es einen Zugang zu diesem Hinterhaus. Natürlich ist er verschlossen. Rico besorgt sich heimlich den riesigen Schlüsselbund.

Im Treppenhaus war es sehr kalt und wegen der vernagelten Fenster so dunkel, als hätte mir jemand ein Tuch vor die Augen gebunden.
Worauf ich achten musste, war, in dieser Finsternis keinen falschen Schritt zu machen. Das Hinterhaus war nach der Gasexplosion nicht ohne Grund abgesperrt worden. Einsturzgefährdet bedeutet, dass jede Treppenstufe mir unter den Füßen und jede Wand, gegen die ich mich stützte, unter meinen Händen wegbrechen konnte.
Schlüsselgefummel.
Nur eine Handvoll Versuche.
Plötzlich stand ich in der Wohnung im dritten Stock. Ich drückte die Tür hinter mir zu und rief leise Oskars Namen. Keine Antwort.
Er musste in einem der hinteren Zimmer versteckt sein.
Bestimmt lag er geknebelt und total bewusstlos in einer Ecke, die nur mit Heu und Stroh ausgelegt war. Ich wurde immer nervöser.
Auch mit der nächsten Tür wurde ich spielend fertig. Dass sie abgeschlossen gewesen war, ließ mich hoffen.
Ich drückte sie behutsam auf.
Rabenschwarze Schwarzschwärze.
Das wenige Mondlicht aus dem Durchgangszimmer reichte nicht aus, um den Raum bis in den hintersten Winkel auszuleuchten.
„Oskar?", flüsterte ich.
„Ich bin froh, dass du da bist", sagte seine Stimme.
„Woher hast du die Schlüssel?"

Andreas Steinhöfel

Welche geheimnisvollen Geschichten kennst du? Bringe sie für einen Büchertisch mit.

53

Einen Text lebendig vorlesen

Eine dunkle, dunkle Geschichte

Eines Nachts hatte eine Katze Lust auf ein Abenteuer.
Zuerst lief sie zum dunklen, dunklen Moor.
Neben dem Moor war ein dunkler, dunkler Wald.
Da rauschten Blätter um die Wette
5 und der weiße Mond malte Schleier in die Nacht.
In dem Wald war ein dunkles, dunkles Schloss.

Da sahen Fenster aus wie Augen
und spitze Türme wie Soldatenhelme.
Das Schloss hatte eine dunkle, dunkle Tür.
10 Da wachte stolz der wilde Wolf
und die Spinnen tanzten ein Ballett aus Silberfäden.
Hinter der Tür war eine dunkle, dunkle Treppe.
Da hörte man die Stufen leise rufen und flüsternd locken:
„Komm, steig auf, steig auf!"

15 Oben an der Treppe war ein dunkler, dunkler Flur.
Am Ende des Flurs war ein dunkler, dunkler Schrank.
Da stand die Tür ein wenig offen und innen
hörte man es rascheln, wispern und rumoren.
In dem Schrank war eine dunkle, dunkle Kiste.
20 Da schimmerte ein sanftes Licht heraus.
Und in der Kiste war eine Maus!
Da bekam die Katze einen Schreck und
ihre Lust auf Abenteuer war auf einmal weg.

Ruth Brown

Wo macht ihr Pausen?
Wo wollt ihr besonders leise lesen?
Achtet auf das Tempo.

(1) Suche dir zwei andere Kinder.
Teilt euch den Text auf und lest ihn leise.

(2) Übt, lebendig vorzulesen.

(3) Besprecht, was geklappt hat.
Was könntet ihr beim nächsten Mal besser machen?

Märchen erkennen

Der goldene Vogel

Es war einmal ein König, der hatte einen schönen Garten hinter seinem Schloss, darin stand ein Baum, der goldene Äpfel trug. Als die Äpfel reif waren, wurden sie gezählt, aber gleich am nächsten Morgen fehlte einer. Das wurde dem König gemeldet und er befahl, dass der Baum nachts bewacht werden sollte.
Der König hatte drei Söhne.
Bei einbrechender Nacht schickte er den ältesten in den Garten. Als es aber Mitternacht war, konnte sich der Königssohn des Schlafes nicht erwehren. Und am nächsten Morgen fehlte wieder ein Apfel. In der folgenden Nacht musste der zweite Sohn wachen, aber dem erging es nicht besser. Als es zwölf Uhr geschlagen hatte, schlief er ein und morgens fehlte ein Apfel. Jetzt kam die Reihe zu wachen an den dritten Sohn. Aber der König traute ihm nicht viel zu und meinte, er würde noch weniger ausrichten als seine Brüder.

Endlich aber erlaubte er es doch. Der Jüngling legte sich also unter den Baum, wachte und ließ den Schlaf nicht Herr werden. Als es zwölf schlug, rauschte etwas durch die Luft und er sah im Mondschein einen Vogel daherfliegen, dessen Gefieder ganz von Gold glänzte.
Der Vogel ließ sich auf dem Baum nieder. Und hatte eben einen Apfel abgepickt, als der Jüngling einen Pfeil nach ihm abschoss. Der Vogel entflog, aber der Pfeil hatte sein Gefieder getroffen und eine seiner goldenen Federn fiel herab.
Der Jüngling hob sie auf, brachte sie am anderen Morgen dem König und erzählte ihm, was er in der Nacht gesehen hatte. Der König versammelte seinen Rat. Die Ratgeber erklärten, eine Feder wie diese sei mehr wert als das gesamte Königreich.

Brüder Grimm

1. Lies das Märchen.
2. Sucht gemeinsam Zahlen, Wörter und Ausdrücke, die verraten, dass dies ein Märchen ist.

 Wie lautet das Ende vieler Märchen?

Über einen Text nachdenken

Alles total geheim

Michi und Gernot wohnen im selben Haus. Sie sind beste Freunde. Manchmal, wenn sie auf dem Spielplatz sind, sehen sie Gernots Vater, wie er aus dem Haus kommt. Er geht an ihnen vorbei, als ob er sie nicht sieht. Gernot tut auch so, als ob er seinen Vater nicht sieht.
„Warum ist er denn immer zu Hause?", fragt Michi. „Muss er denn gar nicht arbeiten?"
Gernot guckt sich schnell um, ob sie auch keiner beobachtet. Dann zieht er Michi mit ins Gebüsch und legt einen Finger auf die Lippen. „Schwör, dass du schweigen kannst!", flüstert er.
Michi spürt ein Kribbeln im Bauch. „Ich schwöre", flüstert er.
Gernot nickt zufrieden. „Mein Vater ist Geheimagent! Er fängt Spione und Verbrecher und Rauschgiftbanden! Geheim, kapierst du? Genau wie im Fernsehen."
„Genau wie im Fernsehen?", flüstert Michi. Über den Rücken laufen ihm lauter kleine Schauer.
Nun versteht er alles. Natürlich muss Gernots Vater unauffällig sein. Natürlich muss er da so tun, als ob er seinen Sohn nicht mal kennt. Alles total geheim und alles nur Tarnung. „Wir haben ein Funkgerät in der Wohnung", flüstert Gernot. „Aber wehe, du sagst was! Keiner Menschenseele!"
„Ich schwöre", flüstert Michi.
Abends sieht Michi durchs Fenster manchmal Gernots Mutter. Wenn es dunkel wird, geht sie aus dem Haus und zurück kommt sie immer erst spät. Dann schläft Michi schon längst.
„Eine tüchtige Frau", sagt Michis Mutter. „Geht jede Nacht putzen! Wo der Mann doch schon so lange arbeitslos ist!"
Da geht Michi schnell in sein Zimmer, damit er nichts verrät.
Arbeitslos, haha!
Was die Großen schon wissen! Das ist alles nur Tarnung.

Kirsten Boie

1. Welches Geheimnis vertraut Gernot seinem Freund an?
2. Warum verlässt Gernots Mutter jeden Abend das Haus?
3. Warum erzählt Gernot die Geschichte über seinen Vater?

Ein Gedicht mit unterschiedlicher Betonung sprechen

Gruselett

Der Flügelflagel gaustert
durchs Wiruwaruwolz,
die rote Fingur plaustert,
und grausig gutzt der Golz.

Chr. Morgenstern

1. Lies das Gedicht leise.
   Sprich das Gedicht so, dass die Verse wütend klingen.
2. Bildet Gruppen. Sucht euch eine weitere Vortragsart aus.
   Übt gemeinsam den Vortrag.
3. Tragt das Gedicht (auswendig) in eurer Lieblingsweise vor.

Wörtersammlungen

Schaurig …

Nebel, Wald, finster, diesig, …

Schloss, geheimnisvoll, …

Vorhang, wehen, …

Schatzkiste, quietschen, …

1. Sammelt Wörter zum ersten Bild an der Tafel.
2. Schreibt zu einem anderen Bild Wörter auf Wortkarten.
3. Sammelt und sortiert alle Wortkarten an der Tafel.

58      43, 135

Eine Fantasiegeschichte zu einem Bild schreiben

Eine dunkle, dunkle Tür

1. Schau dir das Bild an. Was fällt dir dazu ein?
2. Sammle Wörter zum Bild.
3. Schreibe eine Geschichte zum Bild und finde eine Überschrift.

Wörtliche Rede

Das Geheimnis der Unke

„Halt, stehen bleiben, keinen Schritt weiter!" Kasperl hatte kaum den Fuß über die Schwelle gesetzt, da empfing ihn eine scheußlich quakende Stimme mit diesem Ruf. Wenn ihn nicht alles täuschte, war es dieselbe Stimme, die vorhin geschluchzt hatte. Er gehorchte ihr und blieb stehen.

5 Im Scheine der Laterne sah er, dass er in ein kleines, dunkles Gewölbe geraten war. Aber dieses unterirdische Gewölbe hatte keinen Fußboden! Eine Handbreit vor Kasperls Schuhspitze tat sich ein tiefer, mit schwarzem Wasser gefüllter Abgrund auf. Unwillkürlich wich Kasperl ein Stück zurück und stemmte sich mit dem Rücken gegen den Türpfosten.

10 „Ist da wer?", fragte er. Seine Stimme klang dumpf und hohl, er erkannte sie gar nicht wieder. Ein Plätschern und Glucksen ließ sich vernehmen, es drang aus der Tiefe zu ihm herauf.

Die quakende Stimme rief: „Ich bin hier unten im Wasser."
Kasperl fragte: „Bist du ein Frosch?"
15 Die Stimme sagte: „Nein, ich bin eine Unke."
Kasperl staunte: „Eine Unke, die sprechen kann?"
Die Unke antwortete: „Ich bin eine verzauberte Fee."

Otfried Preußler

1 Lies die Geschichte. Schreibe den blauen Text ab. Achte dabei auf die Zeichen.

2 Markiere die wörtliche Rede in den Sätzen.

Denke dir eine weitere Frage von Kasperl aus. Schreibe sie auf und setze die Zeichen.

> **Merksatz**
>
> Das, was jemand sagt, nennt man wörtliche Rede.
> Vor der wörtlichen Rede stehen Anführungszeichen unten.
> Nach der wörtlichen Rede stehen Anführungszeichen oben:
> **„Bist du ein Frosch?"**

45, 141, 154

Begleitsätze

Amaryllis und Kasperl

 Zauberer Zwackelmann hat mich verhext.

Und in Wirklichkeit bist du eine Fee?

 Ja, ich bin die Fee Amaryllis.

Wie kannst du erlöst werden?

 Hol mir das Feenkraut von der Hohen Heide.

Ich kann aus dem Zauberschloss nicht heraus.

 Wenn du ein Stück deiner Kleidung im Schloss zurücklässt, kannst du gehen, wohin du willst.

1 Lest die Sprechblasen mit verteilten Rollen.

2 Denke dir für jede Sprechblase einen Begleitsatz aus.
Schreibe den Begleitsatz und die wörtliche Rede auf.
Setze dabei die richtigen Zeichen:
Die Unke quakte: „Zauberer Zwackelmann hat mich verhext."

Wie könnte das Gespräch weitergehen?
Oder: Erfinde ein Gespräch mit deiner Freundin/deinem Freund.

Merksatz

Vor der wörtlichen Rede kann ein Begleitsatz stehen.
Nach dem Begleitsatz steht ein Doppelpunkt:
Kasperl sagt: „Ich kann aus dem Zauberschloss nicht heraus."
 Begleitsatz   : „   wörtliche Rede   ."

46, 141, 154

61

Wörter mit ß

Besuch um Mitternacht

Lola ist bei Großvater zu Besuch. Sie spielen Dame.
Aber schließlich macht es Großvater keinen Spaß mehr.
Er verliert immer. Es ist schon nach Mitternacht.
Da klopft es an die Haustür, laut und heftig. Lola rennt zur Tür.
„Lass bloß niemand herein", ruft Großvater hinter ihr her.
Lola stößt die Tür auf und herein stürzt Kapitän von Schultz.
Er ruft: „Schließ schnell ab. Ich werde verfolgt.
Geister und Gespenster! Es spukt!"

nach Ole Könnecke

1 Lies den Text. Schreibe alle Wörter mit ß heraus.

Großmutter • Späße • großzügig • anstoßen
Großstadt • stoßen • Großeltern • spaßig
Spaßverderber • Spaßvogel • umstoßen
größer • gestoßen • Riesenspaß • Freistoß

2 Ordne die Wörter nach ihren Wortstämmen
und markiere den Wortstamm:
Wortstamm groß: Großmutter, ...
Wortstamm spaß: ...
Wortstamm stoß: ...

Strau✱ • grü✱en • wei✱ • Ku✱ • sü✱ • wi✱en • Stra✱e • drau✱en

Schreibe die Wörter vollständig auf.
Achtung: Zwei Wörter werden nicht mit ß geschrieben, sondern mit ss.

> **Merksatz**
>
> Ein ß darf man nur nach einem langen Vokal und nach einem
> Doppellaut schreiben: **groß, heißen, draußen.**

Wörter trennen

Kapitän von Schultz erzählt

„Es pocht an der Tür meines Leuchtturmes. Ich öffne. Niemand ist draußen zu sehen. Ich schiebe den Riegel vor. Da klopft es wieder. Ich reiße die Tür auf und schaue nach links und rechts. Aber außer den Felsen am Meer kann ich im weißen Mondlicht nichts erkennen. Ich schmeiße die Tür schnell zu. Wieder klopft es. Das müssen Gespenster sein. Mein Herz klopft scheußlich. Ich bin in meinem Turm nicht mehr sicher."

1 Trenne alle markierten Wörter nach Silben: mei - nes, …

Schat • Ket • le • ne • pe • Bril • Schlüs • sel • Spin • te • ten • Trep

2 Setze die Silben zu Wörtern zusammen: Schat - ten, …

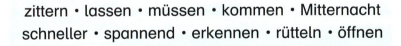

zittern • lassen • müssen • kommen • Mitternacht
schneller • spannend • erkennen • rütteln • öffnen

3 Trenne die Wörter aus dem Kasten: zit - tern, …
Bei einem Wort musst du besonders aufpassen.

Merksatz

Wenn auf zwei gleiche Konsonanten ein Vokal folgt,
trennt man zwischen den Konsonanten: **müs - sen, Trep - pe.**

48, 155

63

Geübt und gekonnt

Rechtschreibtraining

Lola weiß, wie man eine Falle für Gespenster bauen kann. Sie packt fleißig den Rucksack. Mit dem Großvater und dem Kapitän wandert sie zum Turm. Lola stellt die Kamera vor der Tür auf. Sie warten im Haus. Da klopft es. Lola stößt die Tür auf. Draußen ist keiner. Lola läuft zur Falle. Die Kamera hat ein Foto gemacht. „Ein Specht", lacht Großvater, „ein richtiger Spaßvogel."

Wörter trennen

Die Geißlein öffneten die Tür und herein kam der Wolf.
Sie erschraken und wollten sich verstecken.
Das eine sprang unter den Tisch, das zweite ins Bett.
Das dritte kroch unter die Bank, das vierte in den Schrank.
Das fünfte Geißlein versteckte sich hinter dem Vorhang,
das sechste auf dem Ofen.
Das siebente aber hüpfte in den Uhrkasten.

Übungswörter

wissen
sie weiß
fleißig
der Großvater
reißen
draußen
der Spaßvogel
grüßen
stoßen
außer
bloß

1. Trenne alle markierten Wörter nach Silben.
   Achtung: Drei Wörter kannst du nicht trennen.

2. Suche in der Wörterliste Wörter mit drei Silben.
   Schreibe sie getrennt auf.

3. Schreibe die Wörter zu den Nummern getrennt auf:
   1: Wan-ne, ...

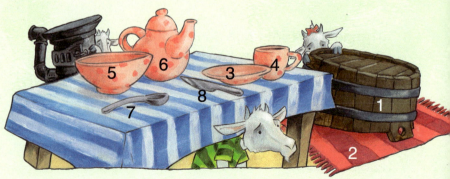

64

Geübt und gekonnt

Wörter mit ß

versüßen • Grußkarte • Grüße • zuckersüß • Süßigkeit • Grußwort
gegrüßt • süßlich • Süßstoff • Süßspeise • grüßen • honigsüß

1 Ordne die Wörter nach ihren Wortstämmen:
Wortstamm süß: versüßen, …
Wortstamm gruß: …

2 Suche Wörter mit dem Wortstamm fuß.

Wörtliche Rede mit Begleitsätzen

3 Denke dir für jede Sprechblase einen Begleitsatz aus.

4 Schreibe den Begleitsatz und die wörtliche Rede auf.
Setze die Zeichen:
Lena schlägt vor: „Wir können …

65

Morsen, plaudern, mailen

Unterschiedliche Texte lesen: ein ABC-Darium

Von Anruf bis Zeichensprache

Anruf
Brief
C_____
Dosentelefon
E-Mail
Funken
Geheimschrift
H_____
Internet
Joystick
Kommunikation
Lichtzeichen
Morsen
Nachricht
Originalton
Post
Qualm
Rauchzeichen
SMS
T_____
USB-Stick
Verbindung
World Wide Web
X, Y, **Z**eichensprache

Schreibe ein eigenes ABC-Darium.

Ich kann das Alphabet auf Türkisch: a, b, c, ç ...

Unterschiedliche Texte lesen: einen Sachtext

Mit Rauchzeichen fing alles an

Die Indianer hatten natürlich noch kein Telefon und kein Handy. Sie benutzten Rauchzeichen, wenn sie sich über große Entfernungen verständigen wollten.

Der Amerikaner Samuel Morse erfand 1837 den Schreibtelegrafen.
5 Mit diesem Gerät konnten geschriebene Nachrichten über weite Entfernungen verschickt werden. Der Absender musste die Nachrichten „verschlüsseln". Zum Lesen musste der Empfänger die Nachricht „entschlüsseln". Dazu erfand Morse ein Alphabet aus Punkten und Strichen (• kurzes Drücken, ▬ langes Drücken).

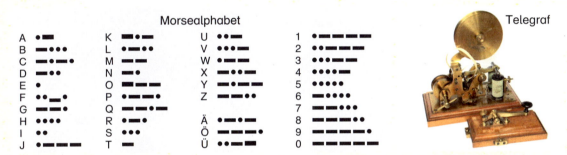

10 Die bekannteste Nachricht SOS sieht in Morsezeichen so aus: ••• ▬▬▬ •••
Sie ist heute der internationale Notruf für Hilfe! Hier sind Menschen in Not!

Das Senden von Nachrichten mit dem Morsealphabet funktioniert nicht nur mit einem Schreibtelegrafen, sondern auch mit kurzen und langen Tönen oder mit Licht.

Ihr könnt auch mit Taschenlampen morsen.

69

Überfliegendes Lesen

Die Anfänge des Telefons

Philipp Reis erfand 1861 das Telefon.
Es gelang ihm zum ersten Mal, die Stimme
über einen Draht zu übertragen.
Seine Erfindung wurde jedoch
5 nicht weiter beachtet.

Alexander Graham Bell entwickelte 1876
das erste bekannte Telefon. Man musste
es abwechselnd an Ohr und Mund halten,
um zu hören und zu sprechen.

10 Später gab es Telefone mit einer Kurbel
zur Stromerzeugung und einem Hörer.

Die Telefonverbindung musste mit
der Hand hergestellt werden.
Dafür steckte „das Fräulein vom Amt"
15 die Kabel in die richtigen Anschlussdosen.

Seit 1896 gibt es Telefone mit Wählscheibe,
Sprechmuschel und Hörmuschel.

Beim Überfliegen kümmere ich mich nicht um Einzelheiten. Ich merke mir Stichwörter.

(1) Lies den Text schnell. Decke den Text ab. Worum geht es?

(2) Womit wurde früher Strom zum Telefonieren erzeugt?
Wer stellte die Telefonverbindung her?

(3) Was gelang dem Erfinder des Telefons zum ersten Mal?
Wie sahen die Telefone früher aus?

70

53, 127

Genaues Lesen

Telefone heute

Festnetztelefone

Heute stellen Telefone die Verbindungen durch Töne her. Jede Taste erzeugt einen anderen Ton. Computer erkennen die Töne und bauen die Telefonverbindung auf.

Mobiltelefone

Mobiltelefone gibt es seit etwa 30 Jahren. Die ersten Modelle waren so groß wie ein Ziegelstein. Mit der Zeit wurden sie aber immer kleiner und mit immer mehr Funktionen ausgestattet. Gespräche werden von Mobilfunkmasten empfangen und weitergegeben.

Smartphones

Smartphone bedeutet übersetzt etwa so viel wie „schlaues Telefon". Ein Smartphone verbindet die Möglichkeiten eines kleinen Computers mit einem Mobiltelefon. Mit Smartphones kann man Texte bearbeiten, Termine und Aufgaben organisieren oder im Internet surfen.
Apps (Erweiterungsprogramme = applications) bieten Geschichten, Spiele, Musik oder Nachrichten.

> Beim genauen Lesen versuche ich, mir so viele Einzelheiten wie möglich zu merken.

(1) Lies die Textabschnitte ganz genau.
Kläre unbekannte Wörter.
Welche Telefone gibt es heute?

(2) Seit wann gibt es Mobiltelefone?
Was bedeutet „Smartphone" übersetzt?

(3) Welche Möglichkeiten bieten Smartphones?
Was sind „Apps"?

54, 131, 132

Diagramme lesen

So nutzen Mädchen und Jungen den Computer

Fast jede Familie hat einen Computer. Viele Kinder nutzen den Computer zu Hause mindestens einmal in der Woche.

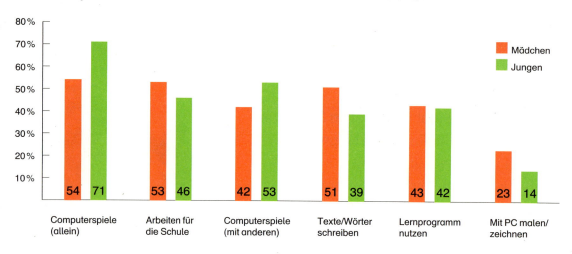

(**1**) Schaut euch das Diagramm an? Was fällt euch auf?

39 % der Mädchen schreiben Texte und Wörter mit dem Computer.
51 % der Mädchen schreiben Texte und Wörter mit dem Computer.

Es spielen mehr Mädchen allein Computerspiele.
Es spielen mehr Jungen allein Computerspiele.

53 % der Jungen nutzen den Computer für die Schule.
46 % der Jungen nutzen den Computer für die Schule.

Mehr Mädchen malen und zeichnen mit dem Computer.
Mehr Jungen malen und zeichnen mit dem Computer.

(**2**) Schreibe nur die Aussagen ab, die stimmen.

(**3**) Mädchen und Jungen nutzen den Computer anders. Was meint ihr: Warum ist das so?

Wozu nutzen die Mädchen und Jungen in eurer Klasse den Computer? Führt eine Umfrage durch.

72  125, 126

Argumente finden

Mona wünscht sich einen Computer

Mona: Papa. Ich habe doch bald Geburtstag.
Ich wünsche mir einen eigenen Computer.

Vater: Kommt gar nicht in Frage!

Mona: Warum nicht?
Alle in meiner Klasse haben
einen Computer. Nur ich nicht!

Vater: Was willst du denn mit
einem eigenen Computer?
Wir haben doch einen.

Mona: Für die Schule arbeiten.
Im Internet suchen oder
Lernprogramme machen.
Deiner ist ja immer besetzt.

Vater: …

Mona: …

1) Lest das Gespräch mit verteilten Rollen.

2) Sammelt Argumente für Monas Wunsch.
Sammelt Argumente für die Meinung des Vaters.

3) Spielt das Gespräch und führt es fort:
Mona schafft es, den Vater zu überreden.
Oder: Mona schafft es nicht, den Vater zu überreden.

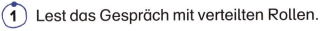

Meinungen begründen

Philipp ist nicht mehr in Form

„Das gibt's doch gar nicht!", schreit Max.
„Du bist total schlapp!", schimpft er.
„Wir suchen uns einen neuen Stürmer!"
Da läuft Philipp zornig nach Hause.
5 Kaum zu Hause angekommen, setzt sich Philipp an seinen Computer und startet das Fußballspiel. Der Mutter fällt auf, wie schweigsam Philipp ist.

„Meine Mannschaft will einen neuen Stürmer wählen, weil ich nicht gut genug bin."
10 „Ich glaube, dass du zu viel vor dem Computer sitzt", bemerkt die Mutter. „Du hast keine Zeit mehr, etwas mit anderen zu machen. In unserem Haushalt gibt es ab sofort feste Regeln für Computerspiele."
„Aber wieso?", will Philipp wissen.
15 „Kinder, die zu viel Computer spielen, können sich nicht richtig konzentrieren. Sie können nicht mehr richtig schlafen. Sie können nicht mehr richtig sprechen. Und dass man körperlich schlapp wird, hast du selbst erlebt", fügt sie hinzu. Die Mutter fährt fort:
20 „In Zukunft ist nur noch eine halbe Stunde pro Tag erlaubt. Ich werde die Küchenuhr stellen. Wenn der Wecker klingelt, ist die Zeit um und dann ist Schluss."

Bärbel Spathelf

(1) Die Mutter will feste Regeln für Philipps Zeit am Computer einführen. Welche Gründe nennt sie dafür?

(2) Sammelt eure Regeln für das Spielen am Computer.

(3) Wie findest du solche Regeln? Begründe deine Meinung.

Gibt es bei dir ähnliche Regeln, zum Beispiel zum Fernsehen?

74  56

Gewusst wie: Eine E-Mail schreiben

Post am Computer

Eine E-Mail ist ein elektronischer Brief, den man über den Computer verschicken kann. Du brauchst dazu eine eigene E-Mail-Adresse und die E-Mail-Adresse der Person, an die du die E-Mail schreiben willst.

Hinter „An:" schreibst du die E-Mail-Adresse der Person, an die du die E-Mail schreiben willst. Achte auf die genaue Schreibweise der E-Mail-Adresse.

Hinter „Betreff:" schreibst du ein Stichwort, worum es in deiner E-Mail geht.

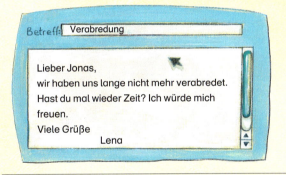

In das leere Feld schreibst du deinen Brief mit Anrede und Grußwort.

Du klickst mit der Maus auf „Senden".
Deine E-Mail wird verschickt.

75

Nomen zusammensetzen

Bei der Post ist viel los

1. Trenne die zusammengesetzten Nomen:
   der Postbote: die Post + der Bote, ...

2. Wonach richtet sich der Artikel beim zusammengesetzten Nomen?
   Markiere diesen Teil des Wortes:
   der Post<u>bote</u>: die Post + der Bote, ...

der Freund • der ✉ • das Papier • der 📫 • die Freundin

die Liebe • der Träger • die 🌼 • der Leser • die Taube

3. Bilde zusammengesetzte Nomen mit Brief: der Brieffreund, ...

   Finde ein Nomen, das aus möglichst vielen Nomen zusammengesetzt ist.

Merksatz

Nomen (Substantive) können zusammengesetzt werden. Der Artikel passt zum letzten Nomen: **die Post + der Bote: der Post<u>bote</u>.**
Manchmal müssen Buchstaben eingefügt werden:
die Liebe, der Brief: der Liebe<u>s</u>brief.

76

57, 146

Gegenwartsform und Vergangenheitsform

Die Post früher und heute

Früher ____ Postkutschen regelmäßig Briefe, Pakete oder Personen quer durch Deutschland. Das ____ meist mehrere Tage. Die Postboten ____ gelbe Jacken mit schwarzen Aufschlägen.

Heute ____ Lastwagen, Flugzeuge oder Frachtschiffe regelmäßig Briefe oder Pakete quer durch die ganze Welt. Das ____ meist nur einen Tag. Die Postboten ____ heute blau-gelbe Jacken.

> dauert • brachten • tragen • bringen • trugen • dauerte

1 Schreibe den Text ab. Setze dabei die Verben richtig ein.
Früher <u>brachten</u> Postkutschen …

> ich schicke • er brachte • ich las • wir packen
> sie klingelt • du schriebst • er grüßte
> du schreibst • er grüßt • er bringt • ich lese
> sie klingelte • ich schickte • wir packten

2 Lege eine Tabelle an.
Ordne die verschiedenen Verbformen zu:

Präsens (heute)	Präteritum (früher)
ich schicke	ich schickte

Ergänze deine Tabelle mit eigenen Verben.

Merksatz

> Verben haben verschiedene Zeitformen. Sie sagen uns, ob etwas im Präsens (heute) oder im Präteritum (früher) geschieht.
> Präsens: **Sie tragen.**
> Präteritum: **Sie trugen.**

58, 148

Geheimschrift

Die Schlüsselscheibe

Manchmal wollen Fatma und Lena sich einen geheimen Brief schreiben. Niemand soll rauskriegen, was darin steht. Sie erfinden und verabreden eine Geheimschrift, die nur sie beide kennen.

Buffi Fyhu,
vch pylfcyvn ch Ncg.
zungu

1. Entziffere mit Hilfe der Schlüsselscheibe den Brief von Lena.
2. Schreibe einen eigenen Brief und verschlüssle ihn.
3. Erfindet eine eigene Geheimschrift.
   Baue eine Schlüsselscheibe.

Fremdwörter

Verabredung mit Laura

Lucas möchte sich mit Laura verabreden.
Er überlegt, ob er ihr eine E-Mail schreiben sollte.
Lucas schaltet seinen Computer an und öffnet
das E-Mail-Programm. In das Adressfeld muss er
Lauras E-Mail-Adresse eingeben. Doch leider fällt
sie ihm nicht mehr genau ein. Lucas denkt nach:
„Rufe ich sie nun an oder schreibe ich ihr eine SMS?"
Schließlich schreibt er ihr eine SMS und fügt
am Ende ein Emoticon ein.

 1 Suche die Fremdwörter aus dem Text heraus. Schreibe sie mit Artikel auf:
die E-Mail, ...

Emoticon · E-Mail	Bildschirm · Rechner · Gefühlszeichen
SMS · Apps · Screen	elektronisches Buch · elektronische Post
on/off · E-Book · Link	Erweiterungsprogramme · Verbindung
Website · Computer	Kurznachricht · Internetseite · an/aus

 2 Ordne jedem Fremdwort die deutsche Bedeutung zu:
Emoticon: Gefühlszeichen, ...

Geübt und gekonnt

Rechtschreibtraining

Jeden Tag sprechen wir mit anderen Menschen, wir schreiben uns Briefe oder Postkarten. Das war auch schon vor langer Zeit so. Heute braucht die Post meist nur einen Tag. Damals war eine Postkutsche viele Tage unterwegs. Luisa sagt: „Ich freue mich immer, wenn unser Briefträger kommt. Leider bekomme ich selten Briefe. Wenn ich jemandem etwas sagen will, telefoniere ich lieber oder schreibe eine E-Mail. Meine große Schwester verschickt gerne eine SMS mit ihrem Handy."

Fremdwörter

Trouble • Power • Kids
happy • Playstation
Sound • Game

Spielstation • Klang
Spiel • Kinder • Kraft
Ärger • glücklich

Übungswörter

die Postkarten
die Postkutsche
der Briefträger
telefonieren
die E-Mail
verschicken
das Handy
das Briefpapier
der Computer
mailen

 1 Ordne jedem Fremdwort die deutsche Bezeichnung zu:
Trouble: Ärger, …

Gegenwartsform und Vergangenheitsform

wir geben • ich sprach • sie lachten • er liest
sie zeigt • sie singt • du schreibst • sie zeigte
ich fand • er las • ich spreche • du schriebst
wir gaben • sie lachen • ich finde • sie sang

 2 Lege eine Tabelle an.
Ordne die verschiedenen Verbformen zu:

Präsens (heute)	Präteritum (früher)
wir geben	wir gaben

Geübt und gekonnt

Nomen zusammensetzen

WALD
HAUS
ZOO
RAUB

TIER

HEIM
BUCH
SCHUTZ
ÄRZTIN
PFLEGER
PARK

1. Bilde zusammengesetzte Nomen:
   der Wald + das Tier: das Waldtier, …
   das Tier + der Pfleger: der Tierpfleger, …

2. Finde zusammengesetzte Nomen mit WASSER.

Geheimschriften lesen

HYOO, PLX AJ LOOCX ILFFXH!

Geheimschrift

A B C D E F G H I J K L M N O P Q R S T U V W X Y Z
D F E H B N M T K U J A V I L W C Y Z G Q X R S O P

3. Entziffere die Botschaft.

81

Bei den Wikingern

Die Wikinger reisten mit ihren Schiffen nach Island, nach Grönland, in die Türkei, ins Mittelmeer, nach Britannien, nach Russland, in den Orient.

82

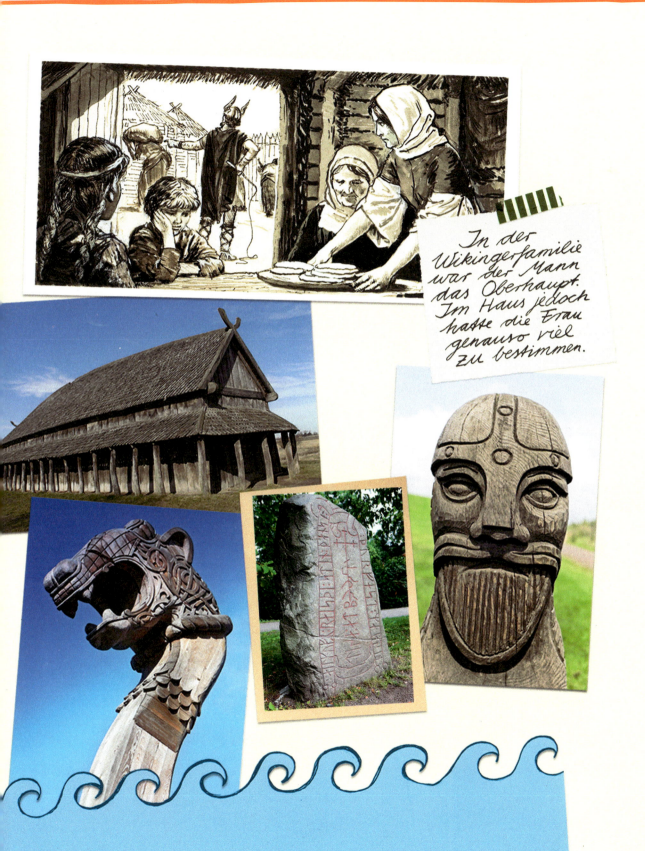

In der Wikingerfamilie war der Mann das Oberhaupt. Im Haus jedoch hatte die Frau genauso viel zu bestimmen.

Unterschiedliche Texte lesen: Bücher und andere Medien

Mutig? Nein, mutig ist Wickie nun wirklich nicht. Selbst vor den ungefährlichsten Wölfen rennt er davon! Und wenn er mit seinem Vater Halvar und den anderen Wikingern auf Beutefahrt ist, zittern seine Knie wie Pudding und seine Zähne schlagen vor Angst aufeinander. Aber wenn es brenzlig wird, dann sprühen bei Wickie die Funken. Und je mehr Funken sprühen, desto besser sind seine Ideen! So schafft er es, den dänischen Zoll zu überlisten, seinen Vater aus einem Burgverlies zu befreien, und er rettet die Wikinger sogar vor dem Schrecklichen Sven!

Vergleiche die unterschiedlichen Medien. Was würdest du auswählen? Warum?

Unterschiedliche Texte lesen: einen Erzähltext

Die Leute von Birka

Auf dem Schiff gab es vier Paar Riemen, an Bord war ein Dutzend Männer. Das Schiff gehörte Åke zusammen mit einem Mann namens Olof. Dieser war mit Åke bereits bis zu den Iren gereist. Die beiden waren Freunde
5 von Kindesbeinen an. Von den übrigen Männern waren viele jung, fast noch Kinder.

Alle waren mit Äxten, Pfeil und Bogen bewaffnet, manche hatten Speere und einige einen Schild, denn sie wussten, dass sie entlang der Küste
10 in den Buchten mit raublustigem, bewaffnetem Volk rechnen mussten. An Bord hatten sie die Felle, die Åke und Olof Jägern in Birka abgekauft hatten. Es waren viele Packen, darunter sechs Packen Silberfuchs und genauso viele Packen Marderfelle.
15 Zunächst hatten sie guten Wind zum Segeln, aber dann mussten sie nach Süden und bekamen Wind von vorn. Es war nur ein schwacher Wind, in dem man kaum kreuzen konnte. Also wurden die Riemen ausgelegt.

Åke und Olof begannen bald, sich über die Jungen
20 lustig zu machen, die zum ersten Mal so ein großes Schiff ruderten. Beim Rudern am Abend vorher hatten sie sich die Handflächen wund gescheuert, und ständig wollten sie ihre Finger ins Wasser tauchen, um ihre Pein zu lindern.
25 Der nächste Tag war schlimmer. Während der Nacht waren die Wunden an den Händen etwas geheilt, jetzt aber wurden sie wieder aufgerissen. Erst am dritten Tag drehte sich der Wind und sie konnten die Segel wieder hissen.

Mats Wahl, Björn Ambrosiani

Macht eine Ausstellung zum Thema Wikinger.

W-Fragen stellen

Die Wikingerzeit

Die Wikinger lebten vor mehr als 1000 Jahren im frühen Mittelalter. Sie bewohnten die skandinavischen Länder Dänemark, Schweden und
5 Norwegen. Sie waren nordgermanische Bauern, Handwerker, Seefahrer oder Händler. Die Wikinger wurden auch Normannen oder Nordmänner genannt.

10 Die Bauern und Handwerker lebten mit ihren Familien auf Höfen und in kleinen Siedlungen. Was sie zum Leben brauchten, das bauten sie an und stellten sie her.

15 Die Kinder halfen bei der Arbeit mit. Sie gaben den Tieren Futter oder sammelten Brennholz. Die meisten Familien lebten in Langhäusern aus Holz. In einem großen Raum aßen,
20 schliefen und spielten sie.

Für die Fahrten über das weite Meer bauten die Wikinger große Langschiffe. Die besondere Form der Langschiffe ermöglichte es ihnen,
25 schnell und weit zu segeln und zu rudern. Mit ihren großen Langschiffen reisten die Wikinger durch die ganze Welt.

1) Lies den Text. Was wusstest du schon über die Wikinger?

2) Finde mit W-Fragen wichtige Informationen über die Wikinger heraus.
   • **Wer** waren die Wikinger? *Die Wikinger waren …*
   • **Wann** lebten …?
   • **Wo** …?
   • **Was** …?

Finde auch Fragen mit **Wie?** und **Warum?**.

Zu Handlungen Stellung nehmen

Raubzüge der Wikinger

Das Leben der Wikinger in ihrer Heimat war hart. Das Wetter war kalt, die Küsten und Berge waren felsig. Es gab zu wenig Platz für fruchtbare Äcker. Deshalb konnten nicht alle Menschen ausreichend Getreide anpflanzen und sich davon ernähren. Viele Menschen mussten hungern und wollten lieber ihre Heimat verlassen, als in Hunger und Not zu leben. So segelten viele Wikinger los, um fruchtbares Land oder Beute zu erobern. Oft überfielen sie Dörfer und Städte und raubten sie aus. Die Drachenköpfe am Bug der Langschiffe waren oft das erste, was die Menschen an den europäischen Küsten von den Wikingern sahen. Dies war ein Anblick, der vielen Menschen Furcht und Schrecken einjagte. Denn fast immer kamen die Wikinger als Feinde. Es gelang selten, ihre Überfälle abzuwehren. Einige Priester und Mönche, die von Wikingern überfallen und ausgeraubt wurden, schrieben Berichte über die gefürchteten Wikinger. Dadurch bekamen die Wikinger einen schlechten Ruf.

Im Jahre 911 überließ der französische König dem Wikingerfürsten Rollo die Normandie. Einige Wikinger ließen sich in dieser Gegend Frankreichs nieder.

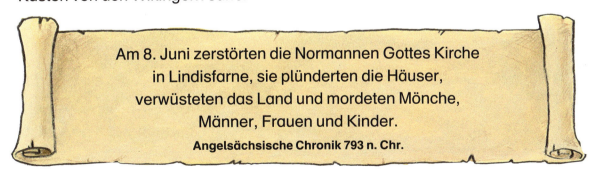

Am 8. Juni zerstörten die Normannen Gottes Kirche in Lindisfarne, sie plünderten die Häuser, verwüsteten das Land und mordeten Mönche, Männer, Frauen und Kinder.
Angelsächsische Chronik 793 n. Chr.

1. Lest die Informationen. Klärt unbekannte Wörter.
2. Warum unternahmen die Wikinger Raubzüge?
3. Könnt ihr das Verhalten der Wikinger verstehen? Was hätten sie sonst tun können? Diskutiert.

Ein Gedicht spielen

Heut ist Markt in Haithabu

Heut ist Markt in Haithabu.
Kommt alle her, ihr Wikinger.
Hier findet ihr so manchen Schatz!
Hier ist ein schöner Handelsplatz.

Hier gibt's Bernstein feinster Sorte,
Löffel, Kämme, Salz und Blei.
Schuhe, Töpfe und Geschirr,
All das gibt's zu kaufen hier!

Heut ist Markt in Haithabu.
Kommt alle her, ihr Wikinger.
Hier findet ihr so manchen Schatz!
Hier ist ein schöner Handelsplatz.

Schmuck aus Silber und Geschmeide,
Edle Tücher, teure Seide,
Zaumzeug für das Schlittentier,
All das gibt's zu kaufen hier.

Schwerter, Schilder, Dolch und Pfeil,
Nägel, Segeltuch und Seil,
Aus Arabien ein Saphir,
All das gibt's zu kaufen hier.

Heut ist Markt in Haithabu.
Kommt alle her, ihr Wikinger.
Hier findet ihr so manchen Schatz!
Hier ist ein schöner Handelsplatz.

Hartmut E. Höferle

1. Lies das ganze Gedicht. Lerne die erste Strophe auswendig.
2. Bildet Gruppen. Verteilt die Strophen 2, 4 und 5 und lernt sie auswendig.
3. Sucht passende Gegenstände und überlegt euch Handbewegungen. Ladet eine andere Klasse ein. Tragt das Gedicht wie Marktschreier vor.

Rollenspiel

Handel in Haithabu

Hildigunn:	Ich habe noch nie so viele Häuser und Menschen gesehen.
Oolf:	Schau, was es hier alles zu kaufen gibt: Walross-Elfenbein, Bernsteine, Töpferwaren, Honig und herrlichen Schmuck.
Kaufmann:	Kämme aus Hirschhorn, fein verziert, heute sehr günstig.
Oolf:	Hildigunn, ich will dir einen kaufen. Pass gut auf, damit wir nicht betrogen werden.

Oolf legt eine Silbermünze auf den Tisch.

Oolf:	Werter Kaufmann, ich hätte gerne diesen Kamm aus Hirschhorn.
Kaufmann:	Das ist zu wenig für diesen schönen Kamm. Es müssen schon zwei Münzen sein.
Oolf:	Zwei, das ist zu viel. Ich zahle 1 ½ Silbermünzen, mehr nicht.
Kaufmann:	In Ordnung.

Der Kaufmann hackt ein Stück vom Kopf der Silbermünze ab.

Kaufmann:	Hier der wunderschöne Kamm für ihre Tochter.

Hildigunn und Oolf verlassen den Stand.

Hildigunn:	Papa, der hat uns übers Ohr gehauen. Er hat viel mehr als die Hälfte von der Münze abgehackt.

1. Lest das Rollenspiel in einer Vierergruppe mit verteilten Rollen.
2. Übt die Szene und spielt sie vor. Bewegt euch passend zu eurer Rolle.
3. Gebt euch gegenseitig Tipps.

Treffende Adjektive finden

Die Schiffe der Wikinger

Die Wikinger teilten ihre Schiffe nach der Anzahl der Ruder ein.
Das _____ Boot hatte vier Ruder und hieß Faering.
Ihr _____ Schiff war das Langschiff und hatte 32 Ruder.
Es hatte eine Länge von 30 Meter und eine Breite von 3 Meter.
5 Bei _____ Wind konnte ein Langschiff 30 Kilometer in einer Stunde fahren.

Gebaut wurde ein Langschiff aus _____ Eichenholz und Eschenholz.
Viele Eisennägel hielten die Planken zusammen. Am Mast hing
das _____ Segel aus _____ Wollstoff. Am Bug des Schiffes war
ein _____ Drachenkopf angebracht. Er sollte die _____ Götter abschrecken.
10 Jeder Wikinger hatte eine eigene Kiste an Bord. Darin waren
seine _____ Sachen und ein Schlafsack aus _____ Rentierfell.

> kleinste • starkem • größtes

✏️ **1** Lies den Text, wie er dort steht. Schreibe den ersten Abschnitt ab und setze dabei die passenden Adjektive ein.

> viereckige • hartem • hölzerner • grobem
> feindlichen • wasserdichtem • warmen

✏️ **2** Schreibe den Rest des Textes ab. Setze treffende Adjektive ein.

3 Vergleicht die Texte mit und ohne Adjektive. Was fällt euch auf?

90      67, 139, 140

Personen beschreiben

Menschen aus Birka vermisst!

Freyja Vilgersdóttir   Knut Erikson   Leif Haardraade

1. Das Wikingerdorf Birka wurde überfallen. Seitdem werden drei Menschen vermisst. Sieh dir alle Personen genau an.
2. Suche eine Person aus und beschreibe sie. → **Tipp**

Beschreibe einen anderen Wikinger.
Oder: Beschreibe ein Kind aus deiner Klasse.

Tipp

Freyja Vilgersdóttir aus Birka wird vermisst! Wer hat sie gesehen?	Name
Freyja Vilgersdóttir ist 21 Jahre alt und ungefähr 1,55 Meter groß.	Alter, Größe
Sie hat blonde, lange Haare.	Haarfarbe
…	Kleidung, besondere Merkmale
Wer sie gesehen hat, wendet sich bitte an König Thore.	

68, 140

91

Pronomen

Vom Leben der Wikinger

Mein Vater ist Schmied. Vater schmiedet Werkzeuge und Waffen. Vater fährt zum Markt. Mutter ist sehr geschickt. Mutter webt Stoffe für Kleider. Mutter näht Felle und formt Lehmtöpfe. Wir haben ein Schaf. Das Schaf frisst viel Gras. Das Schaf gibt uns Wolle.

1 Lies den Text. Was fällt dir an den Satzanfängen auf?

2 Ersetze die farbigen Nomen durch die Pronomen er, sie oder es. Schreibe den Text ab.

Sie sind die größte Gruppe der Bevölkerung.
Oft arbeiten sie als Bauern oder Handwerker.
Sie leben in Langhäusern.

Sie sind die Anführer der Wikinger.
Oft sind sie mächtige Großbauern.
In der Versammlung, dem Thing,
beraten sie über alle Entscheidungen.

Sie sind Leibeigene.
Auf Raubzügen werden sie gefangen genommen.
Tag für Tag müssen sie viele Stunden hart arbeiten.

3 Welche Personen aus den drei Bildern sind gemeint?

die Jarle

die Freien

die Sklaven

Merksatz

Die Wörter ich, du, er/sie/es, wir, ihr, sie sind Pronomen.
Pronomen können Nomen ersetzen:
Vater ist Schmied. Er schmiedet Werkzeuge und Waffen.

69, 142, 153

Satzglieder

Das Brettspiel Hnefatafl

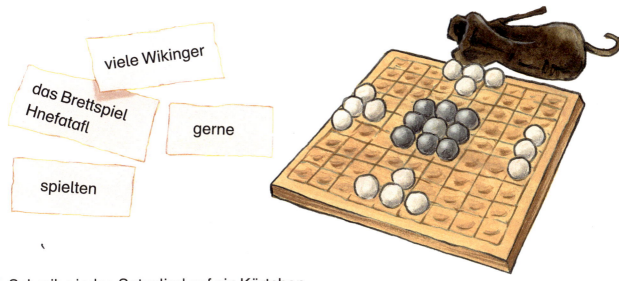

1. Schreibe jedes Satzglied auf ein Kärtchen.
   Lege unterschiedliche Sätze mit allen Satzgliedern.

2. Schreibe die Sätze auf. Markiere die vier Satzglieder in verschiedenen Farben.

Beachte Satzanfänge und Satzzeichen.

Thore und Leif · spielen · ...

Hnefatafl · Thore und Leif · spielen
an einem Tisch · am Abend ·

3. Verlängere den Satz durch weitere Satzglieder.
   Du kannst dir auch eigene Satzglieder ausdenken.

Merksatz

Sätze bestehen aus Satzgliedern. Ein Satzglied hat ein Wort oder mehrere Wörter. Satzglieder kann man umstellen:
Die Wikinger spielen Hnefatafl.
Hnefatafl spielen die Wikinger.

70, 151

93

Wörter mit aa, ee, oo

Runensteine

Runensteine waren wichtige schriftliche Dokumente der Wikinger. Einige berichten von besonderen Taten, andere sind Gedenksteine für Verstorbene. Bilder erzählen von großen Abenteuern oder zeigen Szenen aus dem Leben eines Toten.

1 Entschlüssle die Wörter auf dem Runenstein. Ordne sie in eine Tabelle:

aa	ee	oo
…	das Meer	…

2 Entschlüssle auch die Wörter rechts und ergänze die Tabelle.

3 Lass dir die Wörter aus der Tabelle von einem Kind diktieren.

Schreibe deinen Namen in Runen.

94

Silbentrennendes h

Woher wissen wir vom Leben der Wikinger?

Bei Ausgrabungen wurden viele Gebrauchsgegenstände aus der Wikingerzeit gefunden. So sieht man, wie Wikingerfamilien gelebt haben. Der Name Normandie in Frankreich geht auf die Wikinger zurück. Er steht für „das Land der Nordmänner". Geschichten berichten von Raubzügen der Wikinger. Sie beschreiben aber auch, wie der Handel zwischen vielen Ländern aufblühte. Im Wikingermuseum von Haithabu kann man viel über die Wikinger lernen. Am Eingang weht eine Flagge. Das Museum zieht viele Besucher an.

stehen • aufblühen • ziehen • sehen • wehen • gehen

1 Schreibe alle roten Wörter aus dem Text untereinander und markiere das h. Finde im Kasten ein verwandtes Wort. Schreibe es getrennt auf und markiere das h: sieht ←h→ se-hen, …

glühen • drehen • ruhen • nähen • fliehen • sprühen

2 Schreibe zu jedem Verb die Personalform mit er und sie auf.

Sprich als Hilfe deutlich in Silben.

Floh • früh • Kuh • nah • Schuh • Reh • roh • froh

3 Finde verwandte Wörter: Floh ←h→ Flö-he, …

Merksatz

Bei manchen Wörtern kannst du nicht hören, ob sie mit h geschrieben werden. Manchmal kannst du es herausfinden, indem du ein verwandtes Wort suchst: **er geht ←h→ ge-hen, Kuh ←h→ Kü-he.**

Geübt und gekonnt

Rechtschreibtraining

Die Wikinger lebten im frühen Mittelalter im Norden Europas. Sie waren fleißige Händler, reiche Kaufleute und geschickte Handwerker. Mit Booten segelten die Wikinger über das Meer. Am Mast wehte die Flagge. Von ihren Reisen brachten sie Tee und andere Waren mit. Die kostbaren Waren wurden mit einer Waage genau abgewogen und auf dem Markt verkauft. Die Wikinger entdeckten neues Land. Manchmal ließen sie sich als Händler, Bauern oder Jäger dort nieder. Da ihnen viele Kämpfe drohten, hatten sie immer einen Speer bei sich.

Wörter mit aa, ee, oo

Übungswörter

früh
die Boote
das Meer
wehen
es weht
der Tee
die Waage
drohen
es droht
der Speer
nah
drehen
sie dreht
stehen
sie steht
froh

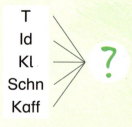

1 Bilde Wörter und ordne sie in eine Tabelle:

aa	ee	oo

Geübt und gekonnt

Pronomen

Sie haben einen langen Hals.
Er ist besonders schlau.
In der Savanne jagt **er** am schnellsten.
Er ist der König der Tiere.
Sie kriecht ganz langsam und trägt ihr Haus auf dem Rücken.
Es schreit und lacht.

> die Giraffen • die Schnecke • der Fuchs
> der Löwe • der Gepard • das Affenbaby

 Schreibe die Sätze ab.
Ersetze dabei die Pronomen durch passende Nomen.

Silbentrennendes h

> früh • Schuh • es blüht • er näht
> er leiht • Zeh • er flieht • nah • er dreht

 Suche verwandte Wörter. Schreibe sie getrennt auf und markiere das h: früh ←h→ frü-her, ...

Satzglieder

Jonas und Paul bauen am Nachmittag im Wald ein Baumhaus.

 Baue den Satz mehrmals um.
Markiere die Satzglieder in verschiedenen Farben.

 Lina reitet am Wochenende mit ihrem Pony über die Felder.
Wie viele Satzglieder hat dieser Satz?

Unser Wetter

Unterschiedliche Textsorten

Nebel, Nebel

M.: W. Pudelko T.: F. A. Blume

A

Ne-bel, Ne-bel, wei-ßer Hauch, Ne-bel, Ne-bel, wei-ße Wand,
wal-le ü-ber Baum und Strauch. flie-ge hin ins wei-te Land,
flie-ge ü-ber Tal und Höhn,
lass die gold-ne Son-ne sehn. Ne - bel!

B

Auch wer noch nie mit einem Flugzeug geflogen ist, hat Wolken schon einmal aus der Nähe gesehen – an einem Nebeltag. Nebel ist nichts anderes als eine Wolke, die dicht über dem Erdboden liegt. Oft entsteht Nebel am Abend oder in der Nacht, wenn sich die warme und feuchte bodennahe Luft abkühlt. Dann bilden sich Millionen feinster Wassertröpfchen, der Nebel.

C

Und dann begannen sie ihre Wanderung. Der Nebel umschloss sie dicht von allen Seiten und sie gingen schweigend. Jetzt durfte man nicht vom Pfad abweichen, der kleinste Fehltritt im Nebel konnte in die Irre führen, das wusste Ronja. Dennoch hatte sie keine Angst. Mit Händen und Füßen tastete sie sich vorwärts, Steine, Bäume und Büsche waren ihre Wegzeichen.

1 Lies die Texte.
Welcher Text reimt sich?
Welcher Text erzählt von einem Erlebnis?
Welcher Text liefert sachliche Informationen?

2 Welcher Text gehört zu welchem Buch? Begründe.

Einen Text in Handlung umsetzen

Ein Regenmesser

Mit einem Regenmesser könnt ihr messen, wie viel Regen fällt.

Ihr braucht:
- eine weiche Plastikflasche,
- einen großen Blumentopf,
- ein Lineal,
- einen wasserfesten Stift,
- eine Schere.

Schneidet den oberen Teil der Flasche mit der Schere ab.
Steckt ihn umgekehrt in die untere Flaschenhälfte.

Nehmt einen wasserfesten Stift.
Zeichnet im Abstand von 1 cm Striche auf die Flasche.
Beginnt mit den Strichen dort, wo die Flasche gerade ist.
Hier muss die Zahl 0 stehen.

Füllt die Flasche bis zur 0 mit Wasser.

Setzt den Regenmesser in einen großen Blumentopf, dessen Boden mit Sand bedeckt ist.
So kann der Regenmesser nicht umfallen.

Jetzt könnt ihr messen, wie viel Regen fällt.
1 cm mehr Wasser in der Flasche entspricht 10 Litern Niederschlag pro Quadratmeter.

(1) Bildet Dreiergruppen.
Lest die Anleitung.

(2) Baut den Regenmesser.

Messt eine Woche lang, wie viel Regen täglich fällt.
Notiert eure Ergebnisse.

101

Den Inhalt eines Sachtextes wiedergeben

Der Kreislauf des Wassers

Aus Meeren, Seen und Flüssen verdunstet Wasser. Das heißt, die unsichtbaren Wasserteilchen steigen wie Dampf in die Höhe.

Wenn dieser Wasserdampf in kältere Luftschichten kommt, verwandelt er sich wieder in Wasser, er kondensiert.
Die winzig kleinen Wassertröpfchen können wir als Wolken sehen.

Die Tröpfchen vereinigen sich zu immer größeren Tropfen.
Die können jedoch nicht mehr schweben und fallen als Regen zur Erde.

Der Kreislauf kann von Neuem beginnen.

1. Lies den Text und betrachte das Bild.
2. Notiere Wörter, die du nicht verstanden hast, und kläre, was sie bedeuten.
3. Erkläre: Woher kommt der Regen?
   Wichtige Stichwörter findest du auch im Bild.

Frage jemanden, schaue im Lexikon oder mit dem Computer nach.

Ein Gedicht lebendig vortragen

Gewitter

Der Himmel ist blau
Der Himmel wird grau
Wind fegt herbei
Vogelgeschrei
5 *Wolken fast schwarz*
Lauf, weiße Katz!
Blitz durch die Stille
Donnergebrülle
Zwei Tropfen im Staub
10 *Dann Prasseln auf Laub*
Regenwand
Verschwommenes Land
Blitze tollen
Donner rollen

15 Es plitschert und platscht
Es trommelt und klatscht
Es rauscht und klopft
Es braust und tropft
Eine Stund lang
20 Herrlich bang
Dann Donner schon fern
Kaum noch zu hör'n
Regen ganz fein
Luft frisch und rein
25 Himmel noch grau
Himmel bald blau!

Erwin Moser

(1) Lies das Gedicht. Übe, die roten Stellen vorzutragen.
Man soll hören, was geschieht.

(2) Sucht euch eine Stelle aus und übt, sie gemeinsam vorzutragen.
Begleitet den Vortrag mit passenden Geräuschen.

Übt das ganze Gedicht und wählt auch hier Geräusche aus.

103

Eine Kettengeschichte schreiben

1 Lies die Ideen-Wörter im Bild. Wähle eines aus.

2 Schreibt gemeinsam Kettengeschichten.

- Schreibe die Einleitung der Geschichte.
  Schreibe deutlich und gut lesbar.
  Verwende dabei dein Ideen-Wort aus dem Bild.
  Kreise das Ideen-Wort auf deinem Schreibblatt ein.
  Lege deinen Geschichtenanfang auf den Anfangsstapel.

- Suche dir eine Einleitung aus, die ein anderes Kind geschrieben hat.
  Wähle ein neues Ideen-Wort aus, schreibe einen passenden Hauptteil
  und kreise das neue Ideen-Wort ein.
  Lege die Geschichte auf den Hauptteilstapel.

- Wähle dir eine andere Geschichte aus und ein neues Ideen-Wort.
  Schreibe den Schluss der Geschichte.
  Verwende dabei das neue Ideen-Wort und kreise es ein.

3 Suche eine passende Überschrift.

104

79, 136, 137, 138

Poetisches Schreiben

Wolken

Fritz Overbeck

1 Welche Wörter fallen dir beim Anschauen des Bildes ein?
Finde Wörter und schreibe jedes Wort auf eine Karte.

Wolkentier   grau   Himmel   sanft

Wiesen   schimmern   blau   dunkel

2 Lege alle Karten aus.
Nimm immer zwei Karten und lege sie zusammen.
Lass die Wörter miteinander spielen.
Probiere aus, was dir am besten gefällt.

3 Schreibe das auf.

*graue Wolkentiere
über dunklen Wiesen
spiegeln sich im Bach*

105

Mit Adjektiven vergleichen

Wetterbeobachtung

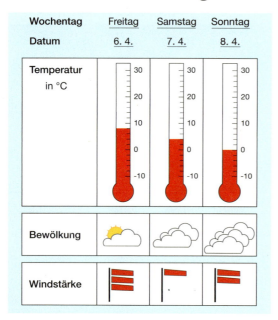

Am Freitag war es kalt.
Am Samstag war es kälter.
Am Sonntag war es am kältesten.

Am Freitag war die Bewölkung dicht.
Am Samstag war sie ____ .
____ war sie am dichtesten.

Am Samstag war der Wind stark.
Am Sonntag war er ____ .
Am Freitag war er ____ .

1 Vergleiche das Wetter am Freitag, Samstag und Sonntag. Schreibe die Sätze daneben vollständig auf. Markiere alle Adjektive.

2 Bilde Vergleichsstufen dieser Adjektive: schlecht, wolkig, warm

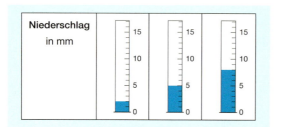

Am Freitag gab es viel Regen.
Am Samstag gab es ____ Regen.
Am Sonntag gab es ____ Regen.

3 Schreibe die Sätze neben dem Bild vollständig auf.

Merksatz

Mit Adjektiven kann man vergleichen:
Grundstufe: **Am Freitag war es kalt.**
1. Vergleichsstufe (Mehrstufe): **Am Samstag war es kälter.**
2. Vergleichsstufe (Meiststufe): **Am Sonntag war es am kältesten.**

81, 149

Adjektive mit -ig und -lich

Wettervorhersage

Donnerstag, 21. April

In den Morgenstunden wolkig mit Regenschauern.

Am Nachmittag freundlich.

Zum Abend hin sonnig.

1) Finde in der Wettervorhersage die Adjektive und schreibe sie untereinander.

2) Verwandle die Adjektive aus Aufgabe 1 in Nomen: wolkig – Wolke

Frost • Schatten • Sommer • Matsch • Wind • Eis • Tag • Freund

3) Verwandle diese Nomen in Adjektive mit -ig oder -lich am Ende:
Frost – frostig, ...

Schreibe mit jedem Adjektiv aus Aufgabe 3 einen Satz:
Heute ist ein frostiger Tag. ...

Merksatz

Die Wortbausteine -ig und -lich
verwandeln Nomen (Substantive) in Adjektive:
Sonne – sonnig, Freund – freundlich.

82, 150

Wörter mit tz

Regenschauer

Tim und Jonas spielen auf dem Sportplatz Fußball.
Es ist warm. Sie schwitzen. Plötzlich ruft Jonas:
„Schau mal, die Wolken! Jetzt gibt's gleich eine Dusche."
Und schon klatscht der Regen herab.
Sie suchen Schutz unter einem Baum.
Der Schauer ist schnell vorüber.
Tim und Jonas flitzen wieder hinter dem Ball her.
Sie rennen durch die Pfützen, dass es spritzt.
„Puh, meine Hose ist total schmutzig", brummt Tim.

1 Schreibe alle neun Wörter mit tz auf ein Blatt Papier.

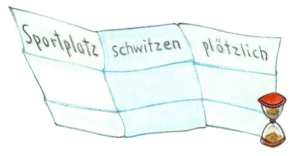

2 Bildet Gruppen und übt die Wörter mit dem Stoppspiel.
Ihr braucht dazu eine Eieruhr und euer Wörterblatt.
- Setzt die Eieruhr in Gang.
- Solange der Sand rinnt, könnt ihr euch die Wörter einprägen.
- Dreht das Blatt um.
- Jeder schreibt alle Wörter auf, die er sich gemerkt hat.
- Kontrolliert gegenseitig.
- Jedes richtig geschriebene Wort ist ein Punkt.

3 Trenne alle Wörter, die man trennen kann: Sport - platz, …

> **Merksatz**
>
> Nach einem kurzen Vokal schreibt man nicht zz, sondern tz:
> **der Sportplatz, schwitzen.**

Wörter mit ck

Reime im Wolkenversteck

blicken
n
sch
t

zucken
j
schl
dr
sp

bedecken
erschr
r
schm
st
str
l
n
w
verst

drücken
schm
b
R
M

trocken
Fl
S
l
h

1. Finde die Reimwörter. Schreibe sie auf und mache einen Punkt unter den kurzen Vokal vor dem ck: blicken, …

2. Wähle drei Wolken und schreibe die Wörter getrennt auf: zu - cken, …

Suche aus der Wörterliste weitere Wörter mit ck heraus.

Achtung: ck wird nicht getrennt: ju-cken.

Merksatz

Nach einem kurzen Vokal schreibt man nicht kk, sondern ck: **blicken, trocken.**

Geübt und gekonnt

Rechtschreibtraining

Die Sonne scheint. Lenas Mutter hackt im Garten die trockene Erde durch. Lena flitzt mit dem Springseil herum. Sie stöhnt: „Ist das eine Hitze, ich schwitze."
„Es ist schwül. Sicher gibt es ein Gewitter", sagt die Mutter. Und wirklich. Plötzlich ist der Himmel bedeckt. Ein Blitz zuckt. Es donnert.
Und dann platscht der Regen herunter. Lena und ihre Mutter suchen schnell Schutz im Haus. „Puh, richtiges Aprilwetter!", ruft Lena.

Wörter mit tz

sitzen • spritzen • besetzt • kratzen • setzen
Platz • Schatz • jetzt • platzen • petzen • Satz
schwitzen • hetzen • verletzt • schwatzen

Übungswörter

hacken
trocken
flitzen
die Hitze
schwitzen
plötzlich
sich bedecken
der Blitz
zucken
der Schutz
schützen
glücklich
letzter

1 Finde die Reimwörter. Trenne alle Wörter, die man trennen kann: sit - zen, sprit - zen, ...

Mit Adjektiven vergleichen

kurz	kürzer	am kürzesten
		am hellsten
	länger	
traurig		
		am höchsten
hart		

2 Schreibe die Adjektive auf. Ergänze die fehlenden Wörter: kurz, kürzer, am kürzesten ...

3 Suche drei Adjektive aus der Wörterliste und bilde die Vergleichsstufen.

Geübt und gekonnt

Adjektive mit -ig und -lich

• Mut • Freund • Angst • • Gift

Glück • • • Sport • Ruhe •

Witz • Schreck • •

1. Verwandle die Nomen in Adjektive: Mund – mündlich, Mut – mutig, …

2. Suche dir sechs Adjektive aus und schreibe Sätze dazu:
Sie wanderten einen steinigen Weg entlang. …

Wörter mit ck

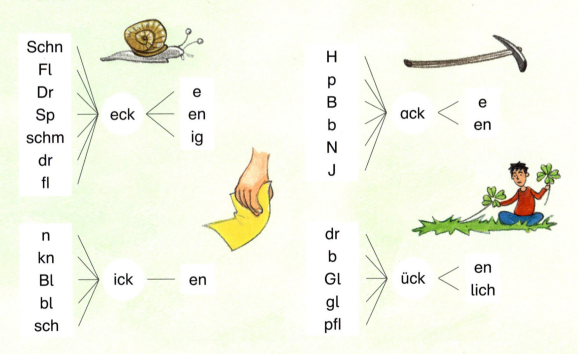

Schn / Fl / Dr / Sp / schm / dr / fl → eck ← e / en / ig

H / p / B / b / N / J → ack ← e / en

n / kn / Bl / bl / sch → ick — en

dr / b / Gl / gl / pfl →ück ← en / lich

3. Bilde Wörter mit ck: Schnecke, Fleck, …

111

Freizeit!

Unterschiedliche Texte lesen: ein Gedicht

Langeweile? Tu was!

Roll Möpse

Speise Eis

Mal Stifte

Rate Spiele

Bau Klötze

Lösch Blätter

Schnür Senkel

Weck Gläser

Dreh Türen

Tritt Bretter

Kipp Schalter

Tipp Fehler

Gieß Kannen

Lese Zeichen

Fahr Spuren

Lenk Stangen

Schaukel Pferde

Puste Blumen

Kneif Zangen

Nora Clormann-Lietz

Was machst du gegen Langeweile?

Unterschiedliche Texte lesen: ein Gedicht und einen Rap

Fußball

Vierundvierzig Beine rasen
durch die Gegend ohne Ziel
und weil sie so rasen müssen,
nennt man das ein Rasenspiel.

Rechts und links stehn zwei Gestelle,
je ein Spieler steht davor.
Hält den Ball er, ist ein Held er,
hält er nicht, schreit man: „Du Toooor!"

Fußball spielt man meistens immer
mit der unteren Figur.
Mit dem Kopf, obwohl's erlaubt ist,
spielt man ihn ganz selten nur.

Heinz Erhardt

Diese Texte könnt ihr gemeinsam vortragen. Ladet andere Kinder dazu ein.

Foul - elf - me - ter! Foul - elf - me - ter!

Ich muss vor! Ich muss vor!

An - lauf neh - men! An - lauf neh - men!

Schuss! Tooooor!

Rita Mölders

115

Aussage eines Textes verstehen

Ein langweiliger Tag

Frieda wohnt mit ihrer großen Familie in einem uralten, gemütlichen Haus am Stadtrand. Wenn sie sich einmal eine verrückte Idee in den Kopf gesetzt hat, dann kann sie niemand davon abhalten. Leider sind nicht immer alle von ihren Einfällen begeistert. Deshalb wird Frieda von ihrer Familie nur noch
5 *Störenfrieda genannt.*

„So ein langweiliger Tag", seufzt Milla aus dem Nachbarhaus.
„Wenn wir doch nur richtig in der Stadt wohnen würden", murmelt Frieda und
10 starrt in den Garten hinunter.
Milla nickt. „Das wäre wirklich gut", sagt sie. „Dann könnten wir jetzt in die Tierhandlung gehen. Wir könnten dort stundenlang die Meerschwein-
15 chen anschauen. Und hinterher würden wir in die Eisdiele beim Kaufhaus gehen. Dort gibt es ein Biene-Maja-Eis, stell dir das mal vor!"
Frieda runzelt ärgerlich die Stirn.

20 „Ja, und in der Stadt gibt es auch jede Menge Kinos, wo wir immer in die Nachmittagsvorstellung gehen könnten."
„Puh", knurrt Milla gereizt.
25 „Warum müssen wir bloß in diesem langweiligen Vorort wohnen?"
Gerade da schaut Uropa zur Tür herein. „Wir wohnen hier, weil hier unser Haus steht", erklärt Uropa
30 und tätschelt liebevoll die alte, knarrende Turmzimmertür.
Frieda runzelt unzufrieden die Stirn.
„Aber warum haben wir denn kein Haus in der Stadt, wo es viel
35 lustiger und interessanter und unterhaltsamer ist?"

„Zum Beispiel, weil sich dieses alte, rumpelige, verwitterte Haus nicht so leicht verkaufen lässt, liebe
40 Störenfrieda", erklärt Uropa freundlich. „Die meisten Familien wollen heute lieber neue, moderne, schicke Häuser haben!" Und damit stiefelt Uropa wieder hinunter ins
45 Erdgeschoss. „Aber *warum* lassen sich Häuser wie unseres nicht gut verkaufen?", ruft Frieda ihm hinterher. „Ich finde, unser Haus ist ziemlich neu – und ziemlich modern – und ziemlich
50 schick! Und ICH werde es verkaufen!"

„Was?", ruft Milla. „Du?"
Frieda nickt und stürmt bereits in Papas Arbeitszimmer. Dort steht der Familiencomputer.
55 Blitzschnell schaltet Frieda ihn ein. „Und wenn ich es verkauft habe, kaufen wir ein neues in der Stadt und ziehen dorthin! Und dann kann ich jeden Tag in die Eisdiele und
60 ins Kino und auf die Eisbahn und ins Kaufhaus – und sogar zu Mac Burger gehen!", ruft sie triumphierend und beginnt, eifrig zu tippen.

Jana Frey

Haus zu verkaufen!!!
Tolles, schickes, modernes Haus mit tollem Garten zu verkaufen! Achtung: Das Haus hat ein großes Turmzimmer! Und eine prima Treppe mit einem tollen Rutschgeländer! Und einen wunderbaren Kletterbaum im Garten! Und einen echten Bananenbaum! Und ein wirklich tolles Baumhaus zum Drinsitzen! Nochmals Achtung: Das Haus ist garantiert nicht alt, verwittert und rumpelig! Ganz bestimmt nicht! Fragen Sie nach Frieda! Frieda gibt Auskunft!!!

1) Lies den Text. Wo würden Milla und Frieda gerne wohnen?

2) Was möchte Frieda gegen ihre Langeweile in der Stadt tun? Was könnte sie zu Hause tun? Schau auf das Plakat.

3) Überlege: Will Frieda ihr Haus wirklich verkaufen? Begründe.

Male Friedas Zuhause. **Oder:** Male dein Traumhaus.

Ein Fernsehprogramm lesen

Tipps für gutes Kinderfernsehen

Samstag 4.8.
10.15 Uhr / KIKA
Wickie und die starken Männer
Trickserie: Um in Russland ihre Felle verkaufen zu können, brauchen die Wikinger eine Erlaubnis des Königs. Die erhalten sie nur, wenn einer von ihnen mit dem König Schach spielt. Doch keiner der Wikinger kennt das Spiel.
Ab 4   SV 9-218-075
25 Min. bis 10.40 Uhr

Sonntag 5.8.
9.00 / ARD
Tigerenten Club
Spielshow: Der Wetterexperte Sven Plöger erklärt seine Arbeit. In der Wetterstation stehen viele Apparate. Diese messen zum Beispiel die Windrichtung oder wie viel es regnet.
Ab 6   SV 8-066-394
55 Min. bis 9.55 Uhr

Montag 6.8.
19.25 / KIKA
Wissen macht Ah!
Magazin: Der Alltagsgegenstand muss erst noch erfunden werden, dem Shary und Ralph nicht eine völlig neue Funktion verleihen. Heute verwandeln sie u. a. eine Schallplatte in ein Kaleidoskop.
Ab 6   SV 48-314-933
25 Min. bis 19.50 Uhr

Dienstag 7.8.
9.50 / KIKA
1, 2 oder 3
Rateshow: Elton und Piet begeben sich auf die Spuren berühmter TV-Helden. Sie treffen in Erfurt die Stars der Soap „Schloss Einstein" und begrüßen einen mies gelaunten Studiogast: Bernd das Brot.
Ab 6   SV 24-387-674
25 Min. bis 10.15 Uhr

Mittwoch 8.8.
19.20 / BR
Die Kinder vom Mühlental
Serie: TV-Nostalgie von 1985: Die polnischen Dorfkinder Stanni, Bärbel und Co. haben viel Spaß, besonders mit der verrückten Gans Klementinchen.
Ab 6   SV 20-432-156
30 Min. bis 19.50 Uhr

Donnerstag 9.8.
13.10 / KIKA
Die Schule der kleinen Vampire
Trickfilm: Alle 113 Jahre erwacht das Slim/Spacki für sieben Nächte zum Leben. Das Klappergestell will Fletchers bester Freund sein, doch der versagt. Und: Klott findet eine Voodoo-Puppe.
Ab 6   SV 28-165-977
35 Min. bis 13.45 Uhr

Freitag 10.8.
9.45 / ZDF
Die wilden Kerle
Trickserie: Die wilden Kerle bereiten sich auf das schwierige Spiel gegen die Unbesiegbaren Sieger vor. Doch sie sind unzufrieden mit Willis Trainingsmethoden. Und dann wirft Leon auch noch Raban aus dem Team.
Ab 6   SV 64-910-194
25 Min. bis 10.10 Uhr

1 Finde dich im Fernsehprogramm zurecht.
Für welchen Zeitraum ist es gültig?

	✓	✗
Wissen macht Ah! läuft am Montag, 6. August.	S	K
Wicki und die … ist eine Zeichentrickserie.	U	A
Die wilden Kerle beginnt um 19.20 Uhr.	T	P
Alle Sendungen sind für 6-Jährige geeignet.	Z	E
Die Sendung Tigerenten Club ist eine Spielshow.	R	E
Für Rate-Fans ist keine Sendung interessant.	?	!

2 Entscheide: ✓ (= richtig) oder ✗ (= falsch)?
Die Buchstaben ergeben ein Lösungswort.

Welche Sendung würdest du gerne sehen? Suche eine aus und begründe.

90, 125, 126

Gewusst wie: Ein Kinderbuch vorstellen

Lieblingsbücher!

Du möchtest ein Buch
in der Klasse vorstellen.
Bereite dich vor.

Suche die wichtigen Informationen:
Titel, Autor, Verlag

Überlege dir einige Sätze,
worum es in diesem Buch geht.

Wähle eine besondere Textstelle aus.
Markiere sie mit einem Klebezettel.
Übe, sie laut vorzulesen.

Überlege dir, warum du das Buch
weiterempfehlen würdest.

Stelle dein Buch in der Klasse vor.
Sprich laut und deutlich.

Zeige das Buchcover.
Nenne die wichtigen Informationen.
Erzähle, was du vorbereitet hast.
Trage die ausgewählte Textstelle vor.

Alle Kinder können nun Fragen
zum Buch oder deinem Vortrag
stellen.
Lass dir zum Schluss Rückmeldung
zu deinem Vortrag geben.

Information und Werbung unterscheiden

Zu verkaufen!

Mein ferngesteuertes Auto ist mehrfarbig lackiert. Es ist gebraucht, aber in einem guten Zustand. Das Fahrzeug besitzt zwei Geschwindigkeiten und fährt bis zu 50 km/h schnell. Es hat Reifen mit gutem Profil und ist für draußen geeignet.

Auskunft gibt Johann, Klasse 3b

Superschneller blauer Action Racer in coolem Flammen-Design, wie neu! Extrafette Off-Road-Reifen und eine schlagfeste Stoßstange sorgen für wilden Fahrspaß im Gelände.
Interesse?
Dann melde dich bei Tom, Klasse 4a

1 Von wem würdest du das Auto kaufen? Warum?

2 Schreibe aus dem blauen Werbetext die besonderen Wörter heraus.

Dieses 24-Zoll-Kinderfahrrad aus Aluminium ist weiß, schwarz und türkis mit aufgedruckten Motiven. Es besitzt eine Nabenschaltung mit sieben Gängen und ist für viele Gelegenheiten geeignet. Das Rad ist drei Jahre alt und gut erhalten. Es ist verkehrssicher ausgestattet. Zum Fahrrad gehört ein roter Sportsattel. Er ist wie der Lenker noch weit in der Höhe verstellbar.

3 Verwandle den Informationstext in einen Werbetext. → **Tipp**

> **Tipp**
>
> **Werbewörter**
> Stadtflitzer • Freizeitflitzer • geländetauglich • überall einsetzbar
> schick • megastark • supercool • wunderschön • tolles Design • coole
> Motive • ozeanblau • robust • supersicher • federleicht • leichtgängig
> brandneu • topmodern • feuerrot • toller Fahrspaß • wächst lange mit

Über eigene Erlebnisse schreiben

Mein Lieblingsplatz

Mein Lieblingsplatz ist der Spielplatz beim Sportverein. Nach dem Training gehen wir oft noch dorthin.
Mir gefällt besonders, dass wir dort so gut Gummitwist machen können. Im Moment spielen wir das nämlich so oft wie möglich. Und dort gibt es so ein Gitter, an dem man das Gummi festbinden und auch zu zweit spielen kann. Einmal haben wir sogar im strömenden Regen weitergespielt. Leider ist der Spielplatz nicht eingezäunt. Deshalb machen Hunde manchmal ihr Geschäft auf die Wiese. Ich wünsche mir, dass ein Zaun gebaut wird.

Tammi, 9 Jahre

1. Was erfährst du über Tammis Lieblingsplatz?
2. Schreibe über deinen Lieblingsplatz. → **Tipp**
- Klebt ein Foto zu eurem Text oder malt dazu. Macht eine Lieblingsplätze-Ausstellung.

Tipp

Wo ist dein Lieblingsplatz?	Mein Lieblingsplatz …
Wann suchst du diesen Platz auf?	Jeden Mittwoch um … / Immer, wenn ich …
Was ist so schön an ihm?	Ganz besonders toll finde ich …
Was tust du dort?	…
Was hast du an diesem Platz erlebt?	…
Was würdest du an diesem Platz gerne verändern? Warum?	…

121

Das Prädikat

Hobbys

1 Was tun die Kinder? Schreibe so:
Was tut Max? – Max liest gern Comics.
Was tut Lea? – Lea baut …

2 Markiere in jedem Satz das Prädikat:
Was tut Max? – Max liest gern Comics.

Ben und Anna bleiben im Haus. Es regnet draußen.
Max spielt auf der Trompete. Es klappt gut.
Die Feuerwehr fährt schnell zur Sporthalle. Es brennt dort.

3 Schreibe die Satzpaare auf. Markiere in jedem farbigen Satz das Prädikat.
Wie musst du danach fragen?

Merksatz

Jeder Satz hat ein Prädikat (Satzkern). Dieses Satzglied sagt,
was jemand tut oder was geschieht:
Was tut Anna? Anna liest.
Was geschieht draußen? Es regnet.

Verben und Nomen zusammensetzen

Im Schwimmbad

Am Nachmittag treffen sich Kinder der Klasse 3 b im Schwimmbad.
Sie suchen sich einen Platz auf der Liegewiese. Julia ist traurig. Sie hat
ihren Badeanzug vergessen. Leon hat extra einen Tauchring mitgebracht.
Er läuft sofort zum Schwimmbecken. Dort springt er vom Startblock ins
Wasser. Katrin und Sarah gehen lieber zum Spielplatz. Dort steht ein großer
Kletterturm. Anschließend machen alle zusammen ein Picknick auf der Wiese.

1 Acht Nomen sind aus Verb + Nomen zusammengesetzt.
Schreibe sie untereinander:
Schwimmbad
...

2 Aus welchem Verb und welchem Nomen sind sie zusammengesetzt?
Ergänze: Schwimmbad: schwimmen + das Bad
...

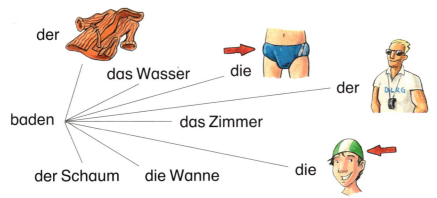

3 Finde die zusammengesetzten Nomen.
der Bademantel: baden + der Mantel, ...

Finde zusammengesetzte Nomen mit schwimmen.

Merksatz

Aus Verben und Nomen entstehen **zusammengesetzte Nomen (Substantive).** Dabei verändern sich die Verben.
Zusammengesetzte Nomen werden großgeschrieben:
das Schwimmbad: schwimmen + das Bad.

Wörter mit ie und i

Papierflieger basteln

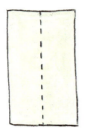
Blatt der Länge nach falten.

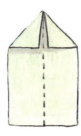
Obere Ecken zur Mitte knicken.

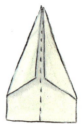
Wieder obere Ecken zur Mitte falten.

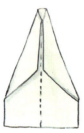
Spitze nach vorne biegen.

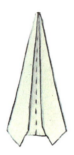
Zum dritten Mal Seiten zur Mittellinie knicken.

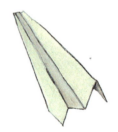
Papier umdrehen. Eine Seite genau auf die andere legen.

1. Baue den Papierflieger nach. Probiere ihn aus.

2. Schreibe die roten Wörter ab. Mache einen Punkt unter jedes kurze i und einen Strich unter jedes lange i.

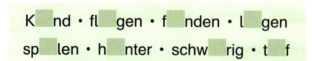

K___nd · fl___gen · f___nden · l___gen
sp___len · h___nter · schw___rig · t___f

3. Sprich dir die Wörter vor und schreibe sie auf. Fünf Wörter haben ein ie.

Merksatz
Ein lang gesprochenes i wird fast immer ie geschrieben: **fliegen, Papier.**

124   95, 159

Wörter mit Dehnungs-h

In der Bücherei

Lena und Jonas fahren mit ihren Fahrrädern zur Bücherei. Sie wollen neue Bücher ausleihen. Lena wählt Fantasiegeschichten. Die liest sie sehr gern und erzählt dann davon. Die Bibliothekarin gibt ihr das Buch „Bo im wilden Land". Lena strahlt. Darauf hat sie schon mehrere Wochen gewartet. Jonas interessiert sich für Eisenbahnen. Er will den „Kinderbrockhaus Technik" nehmen. Nun wühlt er noch auf dem Tisch mit den Spielen. Die Auswahl ist groß. Die Bibliothekarin empfiehlt ihm das neue Spiel „Geistertreppe".

1. Schreibe alle lila Wörter heraus.
   Markiere das h und den langen Vokal, der davorsteht: fahren, …

2. Lass dir die Wörter von einem Partner diktieren.

> Vorwahl • Strahler • Eisenbahn
> mitnehmen • verwählen • er nahm
> Wähler • strahlend • auswählen
> anstrahlen • wählerisch • Bahnhof
> Fahrbahn • Strahlung • abnehmen
> Wahl • Bahnsteig • Vernehmung
> Strahl • Straßenbahn • Annahme

Habt ihr ein Plakat, auf dem ihr Wörter mit Dehnungs-h sammelt?

3. Sortiere die vier Wortfamilien nach ihrem Wortstamm.
   Vorwahl, …
   Strahler, …
   Eisenbahn, …
   mitnehmen, …

 Sammle Wörter zur Wortfamilie fahren.

96, 162

125

Geübt und gekonnt

Rechtschreibtraining

Tim und Fatma spielen mit Papierfliegern. Es ist nicht schwierig, sie zu falten. Sie haben mehrere verschiedene Modelle gebastelt. Auf der Wiese hinter dem Haus probieren sie ihre Flieger aus. Tim schießt seinen tief in ein Gebüsch. Er kriecht hinterher und holt ihn wieder zurück. Fatma wählt den Segler mit der schiefen Spitze aus. Sie will sehen, wie weit die Luft ihn trägt. Sie holt Schwung und wirft. Sie zählt zehn Schritte bis zum Landepunkt.

Wörter mit Dehnungs-h

Fehler • Verkehr • kühlen • Zahlenschloss • umkehren
abkühlen • verzählen • Zähler • Kühlschrank • Befehl
fehlerhaft • Kühler • zahlen • befehlen • verkühlen
Heimkehr • Rechenfehler • Kühlung • Kehrseite
abzählen • einkehren • verkehrt • zählen • verfehlen

Übungswörter

spielen
das Papier
die Flieger
schwierig
mehrere
verschieden
probieren
ihre
schießen
kriechen
wieder
wählen
die Spitze
werfen
sie wirft
zehn

1. Sortiere die Wortfamilien nach ihrem Wortstamm:
   Fehler, ...   Verkehr, ...   kühlen ...   Zahlenschloss, ...

Verben und Nomen zusammensetzen

zaubern + der Lehrling • malen + der Kasten
lesen + die Brille • fahren + das Rad
schreiben + der Tisch • hüpfen + die Burg
turnen + der Schuh • gruseln + die Geschichte

2. Bilde zusammengesetzte Nomen.
   Schreibe sie mit Artikel auf:
   zaubern + der Lehrling: der Zauberlehrling, ...

3. Finde weitere zusammengesetzte Nomen, die aus Verb und Nomen bestehen.

126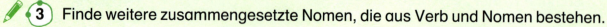

Geübt und gekonnt

Wörter mit ie und i

1. Suche aus der Wörterliste sieben Wörter mit ie.

2. Sprich dir die Wörter vor und schreibe sie auf:
   Markiere i und ie: Schimmel, …

Das Prädikat

Ein Mann   in der Zeitung.
Die Kinder   mit dem Fahrrad ins Schwimmbad.
Ole   gerne lustige Witze.
Es   im Winter manchmal.
Ich   Musik.
Die Frau   einen großen Blumenstrauß.

3. Hier fehlen die Prädikate.
   Schreibe die Sätze vollständig auf.
   Markiere in jedem Satz das Prädikat:
   Ein Mann liest in der Zeitung.

127

Am Teich

Froschlaich

Heute schreibe ich mit Binsen und Tinte. Das ist ganz schön schwierig, macht aber auch viel Spaß.

Unterschiedliche Texte lesen: einen Erzähltext

Linnéa im Garten des Malers

Linnéa wohnt im selben Haus wie der pensionierte Gärtner Blümle. Beide verbringen viel Zeit miteinander. Sie interessieren sich für Pflanzen, Tiere und für die Malerei.
5 *Gemeinsam unternehmen sie einen Ausflug in den Garten des Malers Claude Monet.*

> Lies nur die grünen Abschnitte. Oder: Lies den ganzen Text.

Stellt euch vor, ich bin im Garten des Malers gewesen! Blümle war auch mit. Es war überhaupt seine Idee. Er hat ein Buch über Claude Monet, das ich mir immer
10 wieder gern ansehe.

Claude Monet war ein Maler. Er lebte in Frankreich und hatte Blumen sehr gern. Er malte viele Blumenbilder. Am berühmtesten sind wohl seine Seerosenbilder. Monet pflanzte immer mehr und mehr Blumen. Dann benutzte er den Garten als Vorbild für seine Gemälde.
15 Er ließ sogar einen Teich anlegen, in den er Seerosen pflanzte, damit er sie abmalen konnte.

Garten und Haus hatten wir uns angesehen, aber das Schönste hatten wir uns aufgespart: den Seerosenteich.

„Die japanische Brücke, Blümle!" Als wir endlich auf
20 der Brücke standen, hatte ich so ein seltsames Gefühl, dass ich Tränen in die Augen bekam (Blümle auch, ich hab's gesehen). Unter uns wuchsen die Seerosen, rote, rosafarbene, weiße.
„Guck mal da, Linnéa, im Schilf!", sagte Blümle.
25 Ja, da lag das grüne Ruderboot!

Claude Monet, 1840–1926

Wir sahen große Fische dicht unter der Wasseroberfläche schwimmen. Das seien Karpfen, sagte Blümle. Die Karpfen halten den Teich sauber, weil sie kleine Tiere fressen und Pflanzen auffressen.

„Und jetzt dürfen wir uns die Brücke nicht eher wieder anschauen,
bevor wir nicht einmal um den Teich herumgegangen sind", sagte ich.
„Warum denn das?", fragte Blümle.
„Ja, dann fängt jeder seinen eigenen EINDRUCK von der Brücke ein,
genau wie Monet es getan hat."

Monet malte viele Bilder von der Brücke. Jedes Bild sah anders aus.
Er malte immer mehrere Bilder zugleich und malte ein bisschen hier
und ein bisschen da, je nachdem, wie hoch die Sonne am Himmel stand.
Die Leute fanden ihn komisch, weil er dieselbe Brücke immer wieder malte.
Ich nahm meinen Zeichenblock und fing an, eine Seerose zu zeichnen.
Der ganze Teich mit all den Wolken, die sich im Wasser spiegelten,
während sich gleichzeitig das Seegras unter der Wasseroberfläche wiegte,
war mir zu schwierig zu zeichnen.

Die Seerose wurde ziemlich gut. Aber richtig zufrieden war ich nicht. Doch das war Monet auch nie.

Dort, wo die Kletterrosen wie ein Gewölbe über den Weg zusammenwachsen, erkannten wir die Bank, auf der Monet gerne saß und auf den Seerosenteich schaute. Wir gingen natürlich hin und setzten uns.

Christina Björk

Lasse dir unbekannte Wörter oder schwierige Textstellen erklären.

131

Genau lesen

Kleine Gewässer mit großer Bedeutung

Teiche sind kleine Gewässer und meist nicht mehr als drei Meter tief. Das Wasser steht darin still. Menschen haben Teiche angelegt, um Fische zu züchten.

An einem Teich leben bis zu 1000 Tierarten. Über 200 verschiedene Pflanzen lassen sich entdecken. Fische, Frösche und Molche legen im Teich ihre Eier ab. Wasservögel brüten und Zugvögel rasten hier. Insekten trinken und Säugetiere baden.

Fledermäuse, Molche, Lurche und Vögel finden am Teich ihre Nahrung: die Insekten. Die Tiere und Pflanzen sollen an vielen Teichen besonders geschützt werden. Deshalb befinden sich diese Teiche in Naturschutzgebieten. Um den Lebensraum zu schonen, gibt es Rundwege für Spaziergänger. An besonderen Stellen sind hoch gelegene Aussichtspunkte gebaut worden. Da sie immer dort stehen, haben sich die Tiere daran gewöhnt.

1 Wie tief kann ein Teich sein?
Wie viele Tierarten kann es am Teich geben?
Wie viele Pflanzenarten kann es am Teich geben?

2 Warum haben Menschen Teiche angelegt?
Wer legt Eier im Teich ab?
Was fressen Lurche?

Was ist im Naturschutzgebiet nicht erlaubt? Begründe.

Klärt schwierige Wörter.

132 101, 131, 132

Fabeln kennen lernen

Der Fuchs und der Storch

Ein Fuchs hatte einen Storch zu Gaste gebeten und setzte die leckersten Speisen vor, aber nur auf ganz flachen Schüsseln,
5 aus denen der Storch mit seinem langen Schnabel nichts fressen konnte. Gierig fraß der Fuchs alles allein, obgleich er den Storch unaufhörlich bat, es sich doch
10 schmecken zu lassen.
Der Storch fand sich betrogen, blieb aber heiter, lobte außerordentlich die Bewirtung und bat seinen Freund auf den andern Tag zu Gaste.
15 Als der Fuchs nun anderen Tages zum Storche kam, fand er alle möglichen Leckerbissen aufgetischt, aber nur in langhalsigen Geschirren.

„Folge meinem Beispiele", rief ihm
20 der Storch zu, „tue, als wenn du zu Hause wärest." Und er schlürfte mit seinem Schnabel ebenfalls alles allein, während der Fuchs zu seinem größten Ärger nur das Äußere der
25 Geschirre belecken konnte und nur das Riechen hatte. Hungrig stand er vom Tische auf und gestand zu, dass ihn der Storch für seinen Mutwillen hinlänglich gestraft habe.

Äsop

1 Der Storch besuchte den Fuchs. Warum konnte der Storch nichts fressen?
Der Fuchs besuchte den Storch. Warum konnte der Fuchs nichts fressen?

Wenn zwei sich streiten, freut sich der Dritte.

Was du nicht willst, dass man dir tu, das füg auch keinem anderen zu.

2 Welche Lehre passt zu dieser Fabel?

Er hatte ihn zu Gaste gebeten.
Er blieb heiter.
Er fand Leckerbissen in langhalsigen Geschirren.

3 Was bedeuten diese Ausdrücke?

In Fabeln können Tiere sprechen.
Fabeln haben eine Lehre.

Unterschiedliche Textsorten vergleichen

Die Krötenstraße

Auf dem sonnenwarmen Asphalt
hocken Kröten, abends beim Wald.
Sie haben
die Wanderung unterbrochen
und sind
auf die warme Fahrbahn gekrochen.
Jetzt sitzen sie da und starren uns an.
Ich bremse, was ich bremsen kann.

Und dann?
Dann steigen wir aus
und heben sie auf
und tragen sie die Böschung hinauf.
Die Kröten sind warzig und weich.
Ganz in der Nähe ist ihr Teich,
bald werden sie zu Hause sein.
„Alle gerettet! Steigt wieder ein!"

Georg Bydlinski

Kröten: Autofahrer dürfen gesperrte Straßen nicht benutzen

Tierfreunde zeigen sich empört, wie rücksichtslos manche Autofahrer Verkehrsregeln missachten. Manche befahren Straßen, obwohl diese wegen Krötenwanderungen gesperrt sind. Die Naturschutzbehörde lässt darum nachts einige Straßenabschnitte sperren. An einigen Straßen errichtet die Naturschutzbehörde Schutzzäune.
„Die Tiere laufen an den Fangzäunen entlang und fallen in eingegrabene Eimer, die ein- bis zweimal pro Tag von ehrenamtlichen Helfern über die Straße getragen werden, damit sie dort gefahrlos weiterziehen können", hieß es. Außerdem gebe es Warnschilder.

H. Raths

1 Welcher Text ist ein Gedicht, welcher ein Zeitungsartikel?

> Die Kröten hocken auf dem sonnenwarmen Asphalt.
> Manche Straßen werden gesperrt. • Die Kröten sind warzig und weich.
> Schutzzäune werden errichtet. • Die Kröten fallen in eingegrabene Eimer.
> Jetzt sitzen die Kröten da und starren uns an.

2 Was steht in welchem Text? Ordne zu:
Gedicht: Die Kröten hocken ...   Zeitungsartikel: ...

3 Begründe, welcher Text dir besser gefällt.
Das Gedicht oder der Zeitungsartikel? Mir gefällt ... besser, weil ...

134

Zum Nachdenken anregen

Enten füttern?

Ich mag es, Enten zu füttern.

Am Wochenende unternehmen viele Familien einen Ausflug an einen Teich. Mit kleinen Brotstücken möchten die Kinder Enten füttern. Die Enten wirken hungrig und fressen fast alles. Viele zeigen keine Scheu und kommen dicht an die Menschen
5 heran. Tierfreunde raten davon ab, Enten zu füttern. Die Tierschützer erklären:

Die Enten werden zahm.
Sie verlernen, selbst Futter zu suchen.
Einige Brotstücke werden nicht gefressen.
10 Sie sinken auf den Grund des Teiches.
Dadurch können sich gefährliche Bakterien besonders gut vermehren. Diese Bakterien können für Wasservögel tödlich sein.

Durch die Fütterung vermehren sich die Enten zu stark. Zu viele Enten
15 bevölkern einen Teich. Andere Vogelarten haben zu wenig Platz.
Durch den vielen Kot verändert sich das Wasser des Teiches.
Algen können zu stark wachsen.

1) Was erklären die Tierschützer?

2) Warum füttern so viele Menschen Enten? Sprecht darüber.

Würdest du in Zukunft Enten füttern? Begründe.

135

Einen Steckbrief schreiben

Teichmolche

Teichmolche werden bis zu 11 cm groß. Ihre Körper sind braun und haben dunkle Flecken. Ihre Bauchseite ist orangerot gefärbt. Teich-
5 molche können fünf bis zehn Jahre alt werden. Sie fressen Würmer und Schnecken. Ihre Feinde sind Hechte, Graureiher und Larven von Wasserinsekten. Erwachsene
10 Molche leben an Land unter Baumwurzeln oder Steinen. Im Winter fallen sie in Winterstarre. Wenn sie im März die ersten warmen Sonnenstrahlen spüren, machen
15 sie sich auf den Weg zu dem Teich, in dem sie groß geworden sind.

Während der Paarungszeit schwimmen die Teichmolche im flachen Wasser des Teiches mit
20 vielen Wasserpflanzen. Auf dem Rücken der Männchen entsteht dann ein wellenförmiger Kamm. Zwischen den Zehen ihrer Hinterfüße wachsen Schwimmhäute.

25 Die Weibchen legen bis zu 200 Eier ab. Jedes einzelne Ei wird in ein Blatt einer Wasserpflanze gewickelt. Nach zwei Wochen schlüpfen kleine Molchlarven. Sie bleiben im Teich
30 und werden ohne ihre Eltern groß.

(1) Was erfährst du über den Teichmolch?

(2) Schreibe einen Steckbrief über den Teichmolch. → **Tipp**

Suche Informationen zu einem anderen Teichtier in Büchern oder im Internet. Schreibe einen Steckbrief über ein anderes Teichtier.

Tipp

Steckbrief

Name: Teichmolch
Größe: 11 cm
Aussehen: ...
Alter: ...
Lebensraum: ...
Nahrung: ...
Natürliche Feinde: ...

136

Treffende Verben finden

Eine Flöte aus Schilfrohr

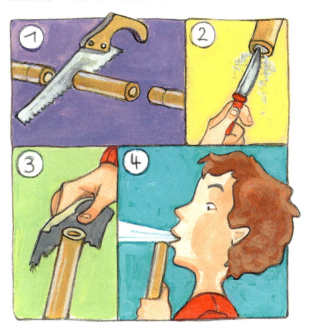

So machst du eine kleine Flöte aus dickem, trockenem Schilfrohr:

Mit einer kleinen Säge machst du ein 10 cm langes Halmstück zwischen zwei Knoten ab.

Das weiche Mark machst du mit einem Messer heraus.

Mit Schmirgelpapier machst du die Ränder des Röhrchens glatt.

Die Flöte musst du senkrecht gegen die Lippen halten.
Dabei schließt die obere Öffnung deiner Flöte genau an deiner Unterlippe ab.
Wenn du kräftig pustest, machst du tolle Töne.

 1 Lest den Text. Wie hören sich die Sätze an?

baust • sägst • schmirgelst
erzeugst • schneidest

 2 Schreibe den Text ab und setze treffende Verben ein. Oder: Finde eigene passende Verben.

 Bastle eine Libelle aus Pfeifenreiniger und Transparentpapier. Schreibe eine Bastelanleitung dazu.

104, 140

137

Das Subjekt

Naturforscher unterwegs

Tim untersucht einige Pflanzen am Teich. Er hat einen
Kescher, einen Eimer und eine Lupe mitgebracht.
Ein großer Rohrkolben wächst am Ufer des Teiches.
Diese schöne Pflanze funkelt in der Sonne.

5 In diesem Augenblick kommen Tims Freunde.
Mit dem Kescher fischen Lara und Silas
ein paar Wasserlinsen aus dem Wasser.
Die Freunde sehen sich mit der Lupe
diese Wasserpflanze genau an. Dann
10 lassen die beiden Kinder eine Wasserlinse
im Eimer schwimmen. Mit dem Finger
stupst Silas die Schwimmblattpflanze
unter Wasser.

1) Wer untersucht einige Pflanzen am Teich?
Wer hat einen Kescher mitgebracht?
Was wächst am Ufer des Teiches?
Was funkelt in der Sonne?

2) Finde weitere Fragen zum Text mit Wer? oder Was?.

3) Schreibe mindestens fünf Fragen mit den passenden Antworten.
Markiere das Fragewort und das Subjekt:
Wer untersucht einige Pflanzen am Teich?
Tim untersucht einige Pflanzen am Teich.

Schreibe eigene Teich-Sätze und markiere das Subjekt.

Merksatz

Das Subjekt (Satzgegenstand) ist ein Satzglied.
Nach dem Subjekt fragt man mit Wer? oder Was?:
Wer untersucht Pflanzen am Teich? **Tim.**
Was wächst am Teich? **Ein großer Rohrkolben.**

138      105, 152

Subjekt und Prädikat

Binsen

Binsen wachsen an Teichufern. Sie haben runde Stängel. Der untere Teil der Stängel steht im Wasser. An ihrer Spitze sitzen braune Blütenbüschel. Binsen reinigen
5 das Wasser. Deshalb benutzen Pflanzenkläranlagen Binsen.
Die Menschen flochten früher aus Binsen kleine Binsenkörbchen. Im Mittelalter bestanden die Fußböden in den Häusern
10 aus Lehm und Binsen. Die alten Ägypter schrieben vor 2000 Jahren mit Binsen.
Lara, Silas und Tim sehen Binsen am Teichufer. Sie tragen einige Stängel nach Haus. Die Kinder holen ein scharfes Messer, Papier und ein Tintenfass. Jeder Binsenstängel bekommt eine
15 schräge Spitze. Silas taucht die Binsenspitze in ein Tintenfass und schreibt wie ein alter Ägypter.

 1 Untersucht die farbigen Wörter. Welche Wörter gehören zum Subjekt, welche zum Prädikat?

 2 Schreibe fünf weitere Sätze aus dem Text ab. Markiere das Subjekt und das Prädikat.
<u>Die Menschen</u> <u>flochten</u> früher …

 Schreibe eigene Sätze zum Bild. Markiere in jedem Satz das Subjekt und das Prädikat.

 Merksatz

Subjekt (Satzgegenstand) und Prädikat (Satzkern) passen in einem Satz zusammen: **Binsen wachsen. Silas schreibt.**

Wörter mit tz und z

Am Teich

Mareike und Lucas sitzen
an einem warmen Sommertag
am Teich und essen eine Brezel.
Hier an dieser Wegkreuzung
5 ist der richtige Platz für sie. Die große
Trauerweide gibt ihnen Schatten.
Trotzdem ist es den Freunden auf
den aufgeheizten Steinen zu warm.
Mareike setzt die Kapuze ihrer Jacke ab.

10 Wie ein glatter, glänzender Spiegel liegt die Wasserfläche da.
Kein Lüftchen weht. Nur die winzigen Mücken tanzen über
dem Wasser. Plötzlich fliegt ein Steinkauz über den Teich.
Dann tauchen zwei schöne blaue Libellen auf. Sie jagen sich
und verschwinden im Schilf. Auf dem Wasser gleitet stolz
15 eine Schwanenfamilie vorüber. Die Jungschwäne tragen noch
ihr flaumiges, graues Babykleid. Eine schwarze Katze spaziert
vorbei und beobachtet gespannt die Schwanenfamilie.

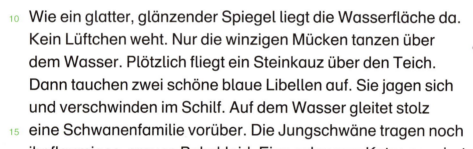

1 Schreibe alle Wörter mit tz. Markiere den kurzen Vokal mit einem Punkt.
Übermale das tz gelb: sitzen, ...

2 Schreibe alle Wörter mit z. Markiere das z und den Laut davor grün:
Brezel, ...

3 Trage die Wörter mit z in eine Tabelle ein:

z nach langem Vokal	z nach Konsonant	z nach Doppellaut
Brezel	...	...

Merksatz

Nach kurzen Vokalen steht tz: sitzen.
Nach langen Vokalen, nach Konsonanten und nach Doppellauten steht z:
die Kapuzen, tanzen, die Wegkreuzung.

140  107

Wörter mit ck und k

Sommerzeit – Mückenzeit

Träge liegen die Frösche auf Seerosenblättern.
Sie haben gelaicht und nur selten quaken sie
mit dick aufgeblähten Schallblasen.
Jetzt ist Bewegung im Wasser. „Da! Schau!",
5 ruft Mareike aufgeregt. Ein dichter Schwarm
Kaulquappen flieht vor einem großen, starken
Barsch. Die Stockenten schaukeln auf den Wellen.
Die Entenküken piepsen leise. Ulkige Schwalben
und flinke Mauersegler jagen über dem See nach Mücken.
10 „Autsch!", ruft Lucas in diesem Augenblick.
„Guck mal! Mich hat etwas gestochen."
Mareike schaut ihn mitfühlend an. „So ein Unglück!
Tja, Sommerzeit – Mückenzeit!", sagt sie.
„Da treten wir wohl besser den Rückzug an."

Bianka Minte-König

1 Sortiere die Wörter mit ck und k in eine Tabelle:

Wörter mit ck	Wörter mit k
die Mückenzeit	quaken

2 Bilde fünf Sätze, in denen Wörter mit ck oder k vorkommen.

die Brü*e • die Fabri* • der So*en • der Ha*en
der Par* • der Rü*en • der Kra*e • das Glü*

Wie werden diese Wörter geschrieben? Mit ck oder k?

Merksatz

Nach kurzen Vokalen steht **ck: die Mückenzeit.**
Nach langen Vokalen, nach Konsonanten und nach Doppellauten steht **k:**
qu**a**ken, sta**rk**, sch**au**keln.

141

Geübt und gekonnt

Rechtschreibtraining

Die Kinder der 3a suchen sich einen schönen Platz an einer Wegkreuzung am Teich. Dort setzen sie sich hin. Lara entdeckt Wasserlinsen und fischt sie mit einem Kescher heraus. Niklas untersucht sie. Tim zeichnet lieber die schöne Seerose. Die anderen Schüler hören das Wasser plätschern und Entenküken piepsen. Plötzlich quaken Frösche. Dann ziehen stolze Schwäne mitten auf dem Teich vorüber. Über dem Wasser tanzen winzige Mücken. Sie werden von flinken Schwalben gejagt. Jetzt wird Lara von einer Mücke gestochen. Sie ruft: „Au, das tut weh!"

Wörter mit tz und z

der Pil   • der Pla   • die Noti   • der Schmu
das Hol   • der Si   • hei   en • spe   ial
kra   en • rei   en • spa   ieren • ankreu   en

Übungswörter

der Platz
die Kreuzung
sitzen
sie setzen sich
entdecken
das Küken
plötzlich
quaken
tanzen
winzig
die Mücken
flink
schaukeln
sinken
spazieren
stolz
trotzdem

1 Sortiere die Wörter mit tz und z in eine Tabelle:

Wörter mit tz	Wörter mit z
der Platz	der Pilz

Wörter mit ck und k

der Sa   • der Par   • der So   en
die Brü   e • der Ha   en • der Dre
die Fabri   • schwan   en • trin   en
hä   eln • win   en • blin   en • spu   en

2 Was ist richtig? Setze ck oder k ein.

3 Suche dir fünf Wörter aus und schreibe damit Sätze.

142

Geübt und gekonnt

Das Subjekt

Lara und Tim arbeiten an einem Plakat über Frösche.
Lara schreibt einen Text. Tim zeichnet ein Bild.
Silas hilft noch nicht mit. Er rechnet schwere Sachaufgaben.
Der Junge übt für die nächste Mathematikarbeit. Dann sagt er zu den beiden:
„Ich bin fertig. Jetzt kann ich euch helfen." Währenddessen klopft es
an der Klassenraumtür. Der nette Hausmeister bringt Milch und Kakao.

 1 Schreibe mindestens fünf Sätze ab.
Finde in jedem Satz das Subjekt und markiere es.

Das Prädikat

Lara und Silas	zeichnen	einen Stift.
Sie	holen	Libellen.
Julia	malen	Klebstoff.
	benötigt	ein Buch mit Witzen.
	sieht	eine Windmühle.
	schreibt	einen Text.

 2 Bilde mindestens fünf Sätze. Markiere das Prädikat:
Lara und Silas zeichnen Libellen.

Subjekt und Prädikat

 3 Schreibe eigene Sätze zum Bild. Markiere in jedem Satz das Subjekt
und das Prädikat mit unterschiedlichen Farben.

143

Ein Buch entsteht

Druckerei
Buchbinderei

Buch-
handlung

Leserinnen
und Leser

Unterschiedliche Texte lesen: Klappentexte auf Kinderbüchern

Bücher von Hilke Rosenboom

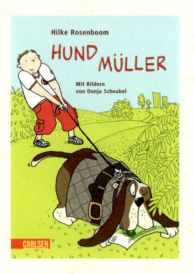

Mannomann, ist das ein merkwürdiger Hund! Er trägt eine kugelsichere Weste, schnüffelt überall herum und findet Geldscheine unter jedem zweiten Gebüsch. Eigentlich soll Helmut diesen Hund namens Müller ja nur ein wenig Gassi führen. Aber Müller zerrt ihn mitten in einen gemeingefährlichen Kriminalfall hinein. Und wenn die beiden nicht so feine Spürnasen hätten, dann hätte die Sache auch ganz schön schiefgehen können!

Prinzessinnen stürzen nicht, nicht einmal zur Tür. Prinzessinnen überlegen ruhig und gelassen. Prinzessinnen schneiden keine Grimassen ...
Missy, Theresa, Elina und Annie leben nach den goldenen Regeln des Prinzessinnen-Handbuches, das sie im Altpapier gefunden haben. Das heißt, eigentlich sind es nur acht Seiten daraus. Wenn sie den Rest noch finden könnten, wäre das natürlich die Krönung – dann hätten sie die komplette Anleitung, um echte Prinzessinnen zu werden! Ob ihnen die geheimnisvolle Adelige Belle von W. bei der Suche helfen kann?

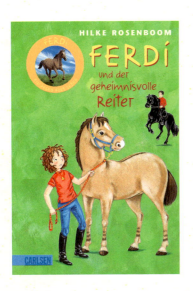

Menschenskind, Greta ist ganz schön gespannt auf den neuen Gast des Reiterhofs. Ein berühmter Turnierreiter, der auch noch sein tolles Pferd mitbringt! Doch dieser Leif von Bergen lässt Greta und ihr liebstes Pferd Ferdi ziemlich abblitzen. Bald stellt sich heraus, dass Leif ein dunkles Geheimnis hat. Greta kommt ihm auf die Schliche – gemeinsam mit Ferdi, der immer an ihrer Seite ist.

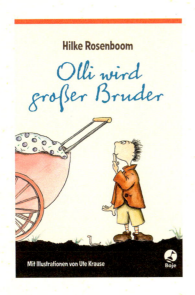

Olli ist der Allerbeste und Einzige! Das sagen Mama und Papa immer. Aber warum wollen sie dann noch ein Baby? Und dann soll Olli auch noch die ganze Woche beim dritten Opa bleiben, damit Mama in Ruhe auf das neue Baby warten kann. Dabei kennt Olli den dritten Opa bislang nicht einmal. Ob der dritte Opa auch übrig ist, so wie Olli? Oder liegt es daran, dass der Opa mit Pflanzen spricht? Olli glaubt erst mal gar nichts. Doch dann geschieht etwas Seltsames …

Welches Buch würdest du gerne lesen? Warum? Welches Buch wäre der Favorit in eurer Klasse? Tauscht euch aus.

Kinderbuchfiguren kennen lernen

Ein Pferd namens Milchmann

An einem Tag im Mai war Herman allein zu Haus. Er stand in der Küche und war eben dabei, die Umrisse eines Ritters in die Butter auf seinem
5 Brot zu ritzen. Da hörte er plötzlich, wie draußen jemand hustete.
Heute war er nicht in der Schule. Mit leichtem Fieber kann man kein Diktat schreiben, das hatte sogar
10 Hermans Vater eingesehen, der sonst dafür war, dass neunjährige Jungen ihr leichtes Fieber unterdrücken und sich benehmen wie ein Mann.
15 Herman versuchte, sich wie ein Mann zu benehmen, und spähte um die Ecke. Wenn ein Mann ein ungewohntes Geräusch hört, schaut er nach, was es ist. Auch wenn er
20 leichtes Fieber hat. Auch wenn das Geräusch nicht aus dem Haus kommt, sondern von irgendwo aus dem Garten.
Kein Zweifel – auf der Terrasse
25 war jemand und hustete. Es war ein riesiges Pferd. Es war größer als alle Tiere, die Herman bisher in der Nähe seiner Straße gesehen hatte, und es blickte mit seinen riesigen Augen,
30 die aus seinem riesigen Kopf hervorschauten, in Hermans Richtung.

Herman legte sein angebissenes Butterbrot auf die Ecke des Couchtisches und machte ein paar Schritte
35 auf das Pferd zu.
Das Pferd machte nur einen Schritt und warf mit seinem gewaltigen Hinterteil den Gartengrill um.
Herman öffnete die Terrassentür
40 und trat einen Schritt weit hinaus.
Das Pferd zuckte leicht zusammen.
„Wahnsinn", sagte Herman.
„Wo kommst du denn her?"
„Pphhrr", machte das Pferd.
45 Herman verstand sofort.
Pphhrr hieß natürlich „WEISS ICH DOCH NICHT, MANN."
Herman stand jetzt so nah am Kopf des Pferdes, dass er seinen warmen
50 Atem spüren konnte.
Das Pferd trug eine Art Stirnband aus einem schmutzigen Stoff.
Oben auf dem Band standen zwei Buchstaben.
55 „MM, ist das dein Name?", fragte Herman. „Wofür steht das?"
Er überlegte so lange, bis das Pferd unruhig von einem Fuß auf den anderen trat. „Magisches Monster
60 könnte es heißen", sagte Herman, aber das Pferd sah ihn nur abfällig von oben herab an.

148

„Vergiss es", sagte Herman
„Ich schätze mal, dass es etwas
65 Praktisches bedeutet, vielleicht
so etwas wie Milch Mann." Das Pferd
bewegte seinen riesigen Kopf ein
ganz klein bisschen auf und ab.
Nickte es? Oder machte es sich nur
70 über ihn lustig? Oder schrieb man
Milchmann vielleicht in einem Wort?
„Wir bleiben mal bei Milchmann",
sagte Herman und berührte das
Pferd vorsichtig am Hals. Der Hals
75 war warm und dick und fest. Das Fell
darauf war säbelkurz und seidig.
Dann machte Milchmann einen
kleinen Schritt auf ihn zu, streckte
seinen Riesenkopf durch die
80 Terrassentür nach innen und linste
hinein. „Stopp!", rief Herman, doch
da klapperten schon die Vorderhufe
auf dem Parkett. Herman hielt nach
einer Stelle am Körper des Pferdes
85 Ausschau, an der er es zurückhalten
könnte.

So eine Stelle gab es nicht. Nun
drängte Milchmann mit seinem
prallen Bauch an Herman vorbei
90 und klemmte ihn an die Scheibe
der Terrassentür, als sei er ein
Fensterbild aus Gummi.
„Ifff", machte Herman und war froh,
als Milchmann es endlich geschafft
95 hatte, seinen gewaltigen Hintern,
die fetten Oberschenkel und die
suppentellergroßen Hinterhufe
über die Schwelle der Terrassentür
nach innen zu quetschen.
100 „Das geht aber nicht!", rief Herman.
Seine Eltern schätzten es nicht,
wenn er Besuch ins Wohnzimmer
ließ. Eigentlich meinten sie dabei
vor allem Menschen, Kinder, aber
105 gegen ein Pferd würden sie auch
etwas haben, da war sich Herman
sicher.

Hilke Rosenboom

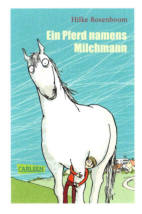

1. Tauscht euch aus: Was erfahrt ihr über Herman? Was erfahrt ihr über Milchmann?

2. Schreibe zu jeder Figur.

Wie stellst du dir Hermans Eltern vor?

Einen Text sinnvoll ordnen

Einige Wochen mit Milchmann

A Den fertigen Text schickte ich an meine Lektorin Frau Schuldes. Der Text gefiel ihr, aber hier und da hatte sie noch Verbesserungsvorschläge. Sie fand auch einige Fehler. Den fertigen Text schickte sie an die Illustratorin Anke Kuhl. Die hatte die Aufgabe, die Geschichte von Milchmann zu zeichnen. Nachdem alle Bilder fertig waren, gab Frau Schuldes den Text zusammen mit den Bildern in die Druckerei.

B Ein paar Wochen später brachte der Postbote ein Päckchen mit dem fertigen Buch. Am Nachmittag radelte ich ins Dorf, um meiner Freundin das neue Buch zu zeigen. Da sah ich Milchmann. Ein Kind saß auf seinem Rücken. Ich erfuhr, dass das Pferd keinesfalls Milchmann heißt, so hatte ich es ja auch nur genannt. In Wirklichkeit heißt es Hercules. Es lebt in einem Reitstall ganz in meiner Nähe. Aber dafür hieß das Kind, das auf ihm ritt, wirklich Herman. Das fand ich ziemlich lustig. Manchmal treffe ich Hercules im Dorf oder am Strand. Dann frage ich ihn, was er so vorhat. Er macht dann meistens „Phhhr". Das bedeutet: „Keine Ahnung! Und du?"

C Es war in einer Sommernacht. Was war das für ein Geräusch? Es kam aus dem Garten. Leise schlich ich nach draußen. Da sah ich das Pferd. Es stand in meinem Garten und weidete meine Blumen ab. Die meisten waren schon futsch. „Was soll das?", rief ich. „Warum tust du das?" – Das Pferd schaute mich an, als ob es etwas sagen wollte, aber Pferde können ja nicht sprechen. Was hat es zu bedeuten, wenn ein Pferd in den Garten einer Kinderbuchautorin eindringt und sie dann eindringlich anglotzt? Ich überlegte und überlegte und dann hatte ich es! Das Pferd wollte in einem Roman von mir vorkommen. Am Morgen setzte ich mich an meinen Computer und begann damit, das Buch zu schreiben. Manchmal schaute ich aus dem Fenster, aber Milchmann sah ich lange Zeit nicht wieder.

Hilke Rosenboom

1 Wie ist die richtige Reihenfolge?   ACB   BCA   CAB

2 Erzähle, wie das Buch von Milchmann entstanden ist.

150

114, 134

Über einen Textentwurf sprechen

Ein Geschichtenplan

~~Einige Tage mit Milchmann~~
Ein Pferd namens Milchmann

Milchmann: groß, weiß/grau, ängstlich, stark, schön
Herman: muss wachsen, mutig, unerschrocken

Gegensatz groß/klein
Mehr sein als scheinen

Herr Gossenstein, der Mathelehrer

→ der alte Mann ist abgeschoben wie Milchmann

Hermans Eltern merken die ganze Zeit nichts

Hermans Problem: er muss lernen, seine Probleme selbst zu lösen
Milchmanns Problem: er will ganz Pferd sein

1. Kapitel: Pferd taucht auf
2. böse Nachbarin
3. Herr Feuerbach ist der Wächter der Schwelle
4. böse Männer
5. magisches Geschenk ⇒ Hustenbonbon, sehr groß
6. → 9. Herman muss viele Prüfungen bestehen
10. Auflösung — Nacht der Seele: Herman haut Milchmann — hilft Herman

---

1 So hat Frau Rosenboom das Buch „Ein Pferd namens Milchmann" geplant. Was fällt euch auf?

2 Welche Bedeutung haben die Farben und Verbindungslinien, Nummerierungen und Gestrichenes?

Lege zu einer Geschichte von dir einen Geschichtenplan an.

Zu kinderliterarischen Figuren schreiben

Neue Geschichten von Milchmann

1. Wähle ein Bild aus. Sammle Wörter dazu.
2. Schreibe eine Geschichte von Milchmann zu deinem Bild.
3. Überarbeite deine Geschichte in einer Schreibkonferenz.

Schreibt und gestaltet die Geschichten am Computer. Stellt ein Buch zusammen.

Gewusst wie: Einen Text überarbeiten

Schreibkonferenz

In der Schreibkonferenz kannst du deinen Geschichtenentwurf gemeinsam mit anderen Kindern überarbeiten und verbessern. Du bist der Autor und wählst höchstens drei Kinder für deine Schreibkonferenz aus.

	Lies deine Geschichte vor. Die anderen Kinder hören aufmerksam zu. Nach dem Vorlesen darf jeder sagen, was ihm an deiner Geschichte gut gefallen hat.
Die Überschrift finde ich langweilig. Wie wäre es mit „Milchmann in Gefahr"? *Das Ende ist zu lang.*	Frage deine Zuhörer: • Habt ihr alles verstanden? • Stehen die Sätze in der richtigen Reihenfolge? • Macht die Überschrift neugierig? • Hat die Geschichte ein passendes Ende? • … Die Zuhörer sagen ihre Meinung und begründen sie.
	Lies die Geschichte nun noch einmal Satz für Satz vor. Achtet gemeinsam besonders auf die Satzanfänge und passende Verben und Adjektive. Notiere die Tipps der anderen Kinder.

116, 143, 144

153

Nachgestellter Begleitsatz

Milchmann wird entdeckt

Herman hätte Frau Grünholz fast nicht erkannt, denn die Fensterscheibe war nicht gut geputzt und ihr Gesicht war verzerrt. Frau Grünholz war die Nachbarin zur Linken, ein absoluter Fachmann für Spionage aller Art. „Auf eurer Terrasse riecht es komisch", rief Frau Grünholz.
Ihre Augen waren klein und gekräuselt wie das Innere von Stiefmütterchen. Sie fixierte Herman. Sie fixierte Milchmann. Dann öffnete sie den Mund und setzte zu einem Schrei an, der im kompletten Wahnsinnsweg zu hören war. „Iiiiiiihhh!", machte Frau Grünholz. „Ein Pferd ist in ein Haus eingedrungen und bedroht einen kleinen Jungen!" „Polizei!", hörte Herman Frau Grünholz noch schreien. „Feuerwehr! Tierfänger! Betäubungswehr! Zu Hilfe doch!"

Hilke Rosenboom

▌Was mache ich jetzt nur mit dir?▐ fragte Herman.
▌Ppppfffff▐ schnaubte Milchmann.
▌Ich muss dich verstecken!▐ überlegte Herman.
▌Polizei! Hierher!▐ schrie Frau Grünholz von Weitem.
▌Komm, Milchmann! Ich habe eine Idee▐ sagte Herman.

1 Schreibe die grünen Sätze mit nachgestelltem Begleitsatz ab. Setze dabei die Anführungszeichen und das Komma danach:
„Was mache ich jetzt nur mit dir?", fragte Herman.

2 Suche im Text weitere Sätze mit nachgestelltem Begleitsatz.

🐾 Bilde eigene Sätze mit nachgestelltem Begleitsatz.

Merksatz

Der nachgestellte Begleitsatz steht nach der wörtlichen Rede.
Vor dem Begleitsatz steht dann ein Komma:
„Ich habe eine Idee", sagte Herman.
„_____Wörtliche Rede_____", _____Begleitsatz_____.

Dialekt verstehen

Die Autorin Hilke Rosenboom

Hilke Rosenboom wurde 1957 auf der Nordseeinsel Juist geboren und ist dort auch begraben. Hier fahren bis heute keine Autos, aber dafür gibt es viele Pferde! Sie besuchte die winzige Inselschule, schrieb gerne und viel und wurde Journalistin. Später begann sie Geschichten für Kinder, Jugendliche und Erwachsene zu schreiben. Das machte sie am Computer, naschte dabei gerne Zartbitterschokolade und trank brasilianische Limonade. Ihr Lieblingswitz war ein Pferdewitz auf Plattdeutsch.

Treffen sich zwei Männer auf dem platten Land.
Der eine führt ein Pferd am Zügel.

1) Lest den Witz laut.

2) Warum verstehen sich die Männer nicht richtig? Worin liegt das Missverständnis?

3) Führt das Gespräch weiter. Was brüllen die beiden Männer am Ende?

Plattdeutsch – Hochdeutsch:
kunnen – können   Se – Sie
hollen – halten   mol – mal
min – mein   Perd – Pferd
bit – beißt   he – er

Texte mit dem Computer überprüfen

Pferdeäpfel!

Die elf Pferdeäpfel von Milchmann lagen locker auf dem kleinen bunten Teppich vor dem Fernseher, auf dem Hermans Mutter immer ihre Yogaübungen machte. Sie ließen sich ganz leicht mit dem Teigschaber auf das Kehrblech schieben. Herman hoffte inständig, dass sie keinen Geruch auf dem Teppich hinterlassen würden.
In den Mülleimer in der Küche jedenfalls konnte er die Pferdeäpfel nicht werfen. Da würden sie gefunden werden. Herman musste die Pferdeäpfel nachhaltig loswerden, überlegte er. Vielleicht könnte er sie ins Klo werfen. Obwohl es doch recht viele waren. Da fiel Herman das Rosenbeet ein ...

Hilke Rosenboom

Sarah schreibt die Geschichte am Computer weiter:

„Rosen brauchen Dünger", sagte Herman zu sich selber. Er nahm das kehrblech mit den Pferdeäpfeln. Forsichtig trug er es in den Forgarten. Oh Schreck! Da stand schon wieder Frau Grünholz. Konte man vor ihr denn gar nichts geheim halten? Schnel sprang Herman zurück ins Haus. „Was nun?", dachte er. Doch da hörte er schon wiedder ein ferdächtiges Ferdegeräusch ...

1 Der Computer hat Sarahs Fehler im Text markiert. Schreibe den Text ohne Fehler ab.

2 Schreibe die Geschichte zu Ende. Überprüfe sie mit dem Computer.

Überlegt gemeinsam:
Kann der Computer immer alle Fehler finden und markieren?

Rechtschreibstrategien anwenden

So entsteht ein Buch

Zuerst hat die Autorin eine Idee für eine Geschichte. Sie schrei▢t die Geschichte auf. Ihren Entwurf, das Manuskript, gi▢t sie an einen Verla▢ weiter. Eine Lektorin überarbeitet dort das Manuskript. Sie verbessert einige Stellen und überle▢t sich einen Titel. Manchmal hat sie auch schon einen Vorschla▢ für das Titelbil▢.

Eine Illustratorin fertigt ▢iele Zeichnungen zur Geschichte an. Der Te▢t und das entsprechende Bild werden am ▢omputer einander zugeordnet. Die za▢lreichen Seiten werden noch mal genau kontrolliert, damit auch alles zueinanderpasst.

In einer großen Dru▢maschine werden alle Seiten des Buches in großer Anzahl hergeste▢t. Die riesigen Seiten mü▢en nun gefaltet und beschni▢en werden. Zum Schluss werden aus den losen Blä▢ern einzelne Bücher gebunden. Sie werden in Kisten verpa▢t und kommen dann in die Buchläden. Je▢t steht dort eines der Bücher neben vielen anderen im Regal, bis jemand genau dieses Exemplar kauft.

 1 Schreibe die Lücken-Wörter vollständig auf.
   1. Abschnitt: Schreibe die Nachdenkwörter so: schreibt ←b→ schreiben
   2. Abschnitt: Schlage jedes Merkwort im Wörterbuch nach und schreibe die Seitenzahl auf.
   3. Abschnitt: Markiere den kurzen Vokal mit einem Punkt. Markiere den folgenden Doppelkonsonanten farbig.

 2 Schreibe Wörter aus dem Text auf, die für dich schwierig sind. Markiere die schwierigen Stellen.

120, 163, 164

Jahreszeiten und Feste

Gedichte und Lieder kennen: Durch das Jahr

Das Samenkorn

Ein Samenkorn lag auf dem Rücken,
die Amsel wollte es zerpicken.

Aus Mitleid hat sie es verschont
und wurde dafür reich belohnt.

Das Korn, das auf der Erde lag,
das wuchs und wuchs von Tag zu Tag.

Jetzt ist es schon ein hoher Baum
und trägt ein Nest aus weichem Flaum.

Die Amsel hat das Nest erbaut,
dort sitzt sie nun und zwitschert laut.

Joachim Ringelnatz

Gedichte und Lieder kennen: Durch das Jahr

Wie sich das Galgenkind die Monatsnamen merkt

Jaguar
Zebra
Nerz
Mandrill
Maikäfer
Pony
Muli
Auerochs
Wespenbär
Locktauber
Robbenbär
Zehenbär

Christian Morgenstern

Gedichte und Lieder kennen: Frühling (spring • bahar)

Leise zieht durch mein Gemüt

Leise zieht durch mein Gemüt
liebliches Geläute,
klinge, kleines Frühlingslied,
kling hinaus ins Weite.

Kling hinaus bis an das Haus,
wo die Blumen sprießen.
Wenn du eine Rose schaust,
sag, ich lass sie grüßen.

Heinrich Heine

Das Ei

Das Huhn, das hat mich Stück für Stück
aus seinem Hühnerpo gedrückt.
Dann hat es mich stolz angesehn
und fand mich unbeschreiblich schön.
Und in mir ist ganz nebenbei
das Gelbe vom Ei.

Frederik Vahle

Gedichte und Lieder kennen: Sommer (summer • yaz)

Die Sonnenblume

Über den Gartenzaun schob sie
ihr gelbes Löwenhaupt,
zwischen den Bohnen erhob sie
sich gold und gelb überstaubt.
Die Sonne kreist im Blauen
nicht größer als ihr gelbes Rad
zwischen den grünen Stauden,
den Bohnen und dem Salat.

Georg Britting

Eidechsen

Eidechsen
lieben den Sonnenschein,
drum liegen sie
auf sonnigem Stein
und regen sich nicht.
Sie baden im Licht
und trinken die Sonne
in sich hinein.

Heinz Vonhoff

Gedichte und Lieder kennen: Herbst (autumn • sonbahar)

Herbstpropeller

Heute segeln die Propeller
über Land und Stadt,
wirbeln hoch
und wirbeln schneller,
und man staunt,
dass auch nicht einer
einen Motor hat.

Heute reisen die Propeller,
segeln immer weiter,
landen auch
in Hof und Keller,
und der Wind, der tüchtig bläst,
ist ihr Reiseleiter.

Christine Rettl

Septembermorgen

Im Nebel ruhet noch die Welt,
noch träumen Wald und Wiesen,
bald siehst du, wenn der Schleier fällt,
den blauen Himmel unverstellt,
herbstkräftig die gedämpfte Welt,
in warmem Golde fließen.

Eduard Mörike

Gedichte und Lieder kennen: Winter (winter • kış)

Winter

Ein weißes Feld, ein stilles Feld.
Aus veilchenblauer Wolkenwand
hob hinten, fern am Horizont,
sich sacht des Mondes roter Rand.

Und hob sich ganz heraus und stand
bald eine runde Scheibe da,
in düstrer Glut. Und durch das Feld
klang einer Krähe heisres Krah.

Gespenstisch durch die Winternacht
der große dunkle Vogel glitt,
und unten huschte durch den Schnee
sein schwarzer Schatten lautlos mit.

Gustav Falke

Gedichte und Lieder kennen: Weihnachten (Christmas • noel)

Stern über Bethlehem

Stern über Bethlehem, zeig uns den Weg!
Führ uns zur Krippe hin, zeig, wo sie steht!
Leuchte du uns voran, bis wir dort sind.
Stern über Bethlehem, führ uns zum Kind!

Hans Alfred Zoller

Stern über Bethlehem, bleib bei uns stehn.
Du sollst den steilen Pfad vor uns hergehn!
Führ uns zu Stall und zu Esel und Rind,
Stern über Bethlehem, führ uns zum Kind!

Stern über Bethlehem, nun bleibst du stehn.
Und lässt uns alle das Wunder hier sehn,
das da geschehen, was niemand gedacht,
Stern über Bethlehem, in dieser Nacht!

Gedichte und Lieder kennen: Weihnachten (Christmas • noel)

Englisches Weihnachtslied

Twinkle, twinkle, little star,
how I wonder what you are.
Up above the world is so high,
like a diamond in the sky.
Twinkle, twinkle, little star,
how I wonder what you are!

Neujahrsnacht

Diese Nacht ist ein Fluss,
mein Bett ist ein Kahn,
vom alten Jahr stoße ich ab,
am neuen lege ich an.
Morgen spring ich an Land.
Dies Land, was ist's für ein Ort?
Es ist keiner, der's weiß,
keiner war vor mir dort.

Josef Guggenmos

Das große Quiz

Wir in der Schule
Was vergisst Sofie, als ihre Mutter sie zur Schule fährt?
- J das Mäppchen
- K das Sportzeug
- W den Zeichenblock

Welches Nomen ist ein Wort für ein Gefühl?
- E die Freude
- L der Kopf
- D die Uhr

Kartoffeln, Kartoffeln
Wie hieß der König, der die Kartoffel in Deutschland bekannt machte?
- R König Friedrich I.
- B König Franz II.
- I König Friedrich II.

In welcher Jahreszeit werden Saatkartoffeln gesetzt?
- T im Frühling
- X im Sommer
- L im Herbst

Fledermäuse
Wie viele Fledermausarten gibt es in Deutschland?
- O 15
- E 24
- T 72

Wie heißt die größte Fledermaus in Deutschland?
- A Abendsegler
- R Großes Mausohr
- V Batman

Geheimnisvolles
Wer hat die Geschichte „Alles total geheim" geschrieben?
- C Brüder Grimm
- M Michael Ende
- G Kirsten Boie

Wie heißt die Fee im „Räuber Hotzenplotz"?
- D Amanda
- E Amaryllis
- K Lydia

Morsen, plaudern, mailen
Wer entwickelte das erste bekannte Telefon?
- H Alexander Graham Bell
- B Samuel Morse
- F Albert Einstein

Lucas will sich mit Laura verabreden. Er schreibt ihr …
- I eine E-Mail
- T eine SMS
- N einen Brief

168

Bei den Wikingern
Wie heißt das Brettspiel der Wikinger?

| S | Hnefatafl | Y | Hefetafl | J | Hnafetafl |

Wie werden die Wikinger noch genannt?

| L | Gallier | I | Normannen | H | Franken |

Unser Wetter
Was ist Wasserdampf?

| N | verdunstetes Wasser | M | Nebel | O | Regen |

Gewitter: Es plitschert und platscht, es trommelt und …

| G | matscht | K | klatscht | X | quatscht |

Freizeit!
In Friedas Garten gibt es keinen …

| B | Kletterbaum | L | Kirschbaum | V | Bananenbaum |

Um einen Papierflieger zu basteln, muss ich ein Blatt Papier zuerst …

| D | rollen | N | zerschneiden | A | falten |

Am Teich
Wie groß werden Teichmolche?

| J | 55 cm | S | 11 cm | E | 33 cm |

Was sind Wasserlinsen?

| S | Schwimmblattpflanzen | A | Schilfzonenpflanzen | J | Uferpflanzen |

Ein Buch entsteht
Wer oder was ist Milchmann?

| Q | ein Milchverkäufer | E | ein Pferd | R | ein Bauer |

Ein Autor …

| 1 | verkauft Bücher | 4 | schreibt Bücher | 7 | malt Bilder für Bücher |

 (1) Schreibe die Lösungsbuchstaben nacheinander auf. Sie ergeben einen Lösungssatz.

169

Wörterliste

Aa

der **Aal**, die Aale
der **Abend**, die Abende
die **Adresse**, die Adressen
ähnlich
alles
alt
die **Angst**, die Ängste
ängstlich
ärgern, er ärgert
ausleihen, sie leiht aus
außer
der **Autor**, die Autoren

Bb

backen, er bäckt
der **Baum**, die Bäume
bedeckt
die **Beere**, die Beeren
das **Beet**, die Beete
der **Beruf**, die Berufe
besonders
bevor
die **Biene**, die Bienen
billig
binden, sie bindet
bisschen
bitten, sie bat
bitter
das **Blatt**, die Blätter

bleiben, sie bleibt
der **Blick**, die Blicke
blicken, er blickt
der **Blitz**, die Blitze
blitzen, es blitzt
bloß
blühen, sie blüht
das **Boot**, die Boote
brav
der **Brief**, die Briefe
das **Briefpapier**, die Briefpapiere
der **Briefträger**, die Briefträger
die **Brille**, die Brillen
brüten, er brütet
das **Buch**, die Bücher
die **Bücherei**, die Büchereien
der **Buchstabe**, die Buchstaben
die **Butter**

Cc

der **Comic**, die Comics
der **Computer**, die Computer

Dd

das **Dach**, die Dächer
danach
dir
draußen
drehen, er dreht
dreißig
dritte
drohen, sie droht
drücken, er drückt

dünn
durstig

Ee

eigentlich
einmal
einzig
die **E-Mail**, die E-Mails
die **Erbse**, die Erbsen
sich **ernähren**, sie ernährt sich
erschrecken, sie erschrickt
erzählen, er erzählt
essen, sie isst
etwas

Ff

das **Fach**, die Fächer
fahren, er fährt
fangen, sie fängt
der **Fehler**, die Fehler
das **Feld**, die Felder
das **Fett**, die Fette
feucht
die **Figur**, die Figuren
fleißig
die **Fliege**, die Fliegen
fliegen, er fliegt
der **Flug**, die Flüge
das **Flugzeug**, die Flugzeuge
der **Fluss**, die Flüsse
die **Frage**, die Fragen
die **Freude**, die Freuden
sich **freuen**, er freut sich

frieren, sie friert
frisch
froh
fröhlich
der **Frosch**, die Frösche
früh
früher
fühlen, er fühlt
füllen, sie füllt
der **Fuß**, die Füße
füttern, er füttert

Gg

der **Garten**, die Gärten
gehen, sie geht
gelb
das **Gemüse**, die Gemüse
genießen, er genießt
die **Geschichte**, die Geschichten
gesund
das **Gewitter**, die Gewitter
glänzend
das **Glück**
gluckern, es gluckert
glücklich
groß
der **Gruß**, die Grüße
grüßen, er grüßt

Hh

das **Haar**, die Haare
haarig
die **Hand**, die Hände

171

das	**Handy**, die Handys		die	**Klasse**, die Klassen
	hängen, sie hängt		der	**Klee**
das	**Haus**, die Häuser			**klingen**, er klingt
	heiß			**klug**
	heißen, er heißt			**knicken**, sie knickt
	heute		die	**Kopie**, die Kopien
die	**Hitze**, die Hitzen		der	**Korb**, die Körbe
der	**Hunger**			**kratzen**, er kratzt
	hungrig		die	**Kreuzung**, die Kreuzungen
				kriechen, sie kriecht
				kühl

	ihm
	ihn
	ihr
das	**Internet**
das	**Interview**, die Interviews

das	**Land**, die Länder
	lassen, er lässt
der	**Lehrer**, die Lehrer
die	**Lehrerin**, die Lehrerinnen
	lernen, sie lernt
	lesen, er liest
	letzter
	lieb
	lieben, sie liebt
	liegen, er liegt
	lustig

Jj

die	**Jagd**, die Jagden
	jagen, sie jagt
	jetzt

Kk

die	**Kabine**, die Kabinen
der	**Kaffee**, die Kaffees
die	**Kälte**
die	**Kapuze**, die Kapuzen
die	**Kartoffel**, die Kartoffeln
die	**Katze**, die Katzen
das	**Kind**, die Kinder
das	**Kino**, die Kinos

Mm

	mailen, sie mailt
die	**Mappe**, die Mappen
die	**Maus**, die Mäuse
das	**Meer**, die Meere
	mehrere
	mir

172

das **Moor**, die Moore
das **Moos**, die Moose
moosig
morgen
der **Morgen**, die Morgen
die **Mühe**, die Mühen
der **Mund**, die Münder
die **Musik**, die Musiken
müssen, er musste
die **Mütze**, die Mützen

Nn

nah
naschen, sie nascht
nehmen, er nimmt
nett
die **Nudel**, die Nudeln

Oo

das **Obst**
das **Ohr**, die Ohren

Pp

packen, sie packt
das **Papier**, die Papiere
die **Pause**, die Pausen
der **Pfeffer**, die Pfeffer
die **Pflanze**, die Pflanzen
der **Pilot**, die Piloten
die **Pilotin**, die Pilotinnen
die **Pizza**, die Pizzas

plätschern, es plätschert
der **Platz**, die Plätze
plötzlich
der **Postbote**, die Postboten
die **Postkarte**, die Postkarten
prima
der **Pudding**, die Puddinge

Ququ

quaken, er quakt
die **Qualität**, die Qualitäten
die **Quelle**, die Quellen
quieken, es quiekt
quietschen, sie quietscht

Rr

raten, er rät
der **Raum**, die Räume
regeln, er regelt
der **Regen**
regnen, es regnet
reisen, sie reist
reißen, er reißt
richtig
der **Riese**, die Riesen
die **Ruhe**

Ss

das **Salz**, die Salze
der **Satz**, die Sätze
saugen, sie saugt

schaukeln, er schaukelt
scheinen, sie scheint
schieben, er schiebt
schief
die **Schiene**, die Schienen
schlagen, sie schlägt
der **Schlamm**, die Schlämme
schließen, er schließt
schlucken, sie schluckt
schmatzen, er schmatzt
schmecken, sie schmeckt
der **Schmerz**, die Schmerzen
schnattern, er schnattert
der **Schnee**
schneiden, sie schneidet
schreiben, er schreibt
schrill
die **Schule**, die Schulen
schützen, sie schützt
schwierig
schwimmen, er schwimmt
schwitzen, sie schwitzt
schwül
der **See**, die Seen
sehen, er sieht
der **Sender**, die Sender
die **Sendung**, die Sendungen
das **Sieb**, die Siebe
sinken, sie sinkt
sitzen, er sitzt
die **Sonne**, die Sonnen
die **Spaghetti**
spannend
der **Spaß**, die Späße
spazieren, sie spaziert

der **Speer**, die Speere
spielen, er spielt
spitz
die **Sprache**, die Sprachen
sprechen, sie spricht
der **Stab**, die Stäbe
die **Stadt**, die Städte
stehen, er steht
sterben, sie stirbt
stolz
stören, er stört
stoßen, sie stößt
die **Straße**, die Straßen
stürmen, er stürmt
suchen, sie sucht
der **Sumpf**, die Sümpfe
sumpfig
die **Suppe**, die Suppen

Tt

der **Tag**, die Tage
der **Tee**, die Tees
das **Telefon**, die Telefone
telefonieren, er telefoniert
der **Text**, die Texte
das **Thema**, die Themen
tief
das **Tier**, die Tiere
tippen, sie tippt
trinken, er trinkt
trocken
trotzdem
trüb

Uu

das **Unglück**, die Unglücke

Vv

verbessern, sie verbessert
verbinden, er verbindet
verderben, sie verdirbt
vergessen, er vergisst
verlieren, sie verliert
verrückt
verschieden
verstehen, er versteht
vertragen, sie verträgt
verzeihen, er verzeiht
viel
vielleicht
voll
von
vorher
vorlesen, sie liest vor
vorn
der **Vorname**, die Vornamen
der **Vorrat**, die Vorräte

Ww

die **Waage**, die Waagen
wählen, er wählt
wahr
die **Wand**, die Wände
die **Wärme**
das **Wasser**, die Wasser
wehen, er weht
weinen, sie weint
weiß
wenig
werfen, er wirft
das **Wetter**, die Wetter
wichtig
wieder
wiegen, er wiegt
die **Wiese**, die Wiesen
der **Wind**, die Winde
windig
winzig
wir
wissen, sie weiß
die **Wolke**, die Wolken
wolkig

Xx Yy Zz

zählen, er zählt
zehn
zeichnen, sie zeichnet
die **Zeichnung**, die Zeichnungen
zurück
zusammen
der **Zwerg**, die Zwerge

Inhaltsverzeichnis

Wir in der Schule 4
Wieder zurück! 6
Die Olchis fliegen in die Schule 7
Sofie vergisst eigentlich nichts 8
Der fiese Freddy 9
Im Erzählkreis 10
Max und Lea 11
Kartenfieber 12
Post im Klassenbriefkasten 13
Auf der Schultreppe 14
Elisa und Jan 15
Schmuck für Klassenräume 16
Wörterdetektiv 17
Geübt und gekonnt 18

Kartoffeln, Kartoffeln 20
Das Kartoffeljahr 22
Die List von König Friedrich II. 23
Sprüche rund um die Kartoffel 24
Kartoffeln sind gesund 25
Anton kocht 26
Bunter Kartoffelsalat 27
Kartoffeldruck 28
Ein leckeres Mittagessen 29
Im Kartoffelrestaurant 30
Die Trainingskarte 31
Geübt und gekonnt 32

Fledermäuse 34
Kopf hoch, Fledermaus! 36
Stellaluna 37
Das Ding am Fenster 38
Die Fledermaus 40
Fledermäuse sehen
mit den Ohren 41
Informationen zu Fledermäusen
suchen 42
Wie vermehren sich
Fledermäuse? 43
Fledermäuse beobachten 44
Das Große Mausohr 45
Wörter im Wörterbuch finden 46
Fledermäuse bei Tag
und Nacht 47
Geübt und gekonnt 48

176

Geheimnisvolles 50
Oskar ist verschwunden 52
Eine dunkle, dunkle Geschichte 54
Der goldene Vogel 55
Alles total geheim 56
Gruselett 57
Schaurig 58
Eine dunkle, dunkle Tür 59
Das Geheimnis der Unke 60
Amaryllis und Kasperl 61
Besuch um Mitternacht 62
Kapitän von Schultz erzählt 63
Geübt und gekonnt 64

Morsen, plaudern, mailen 66
Von Anruf bis Zeichensprache 68
Mit Rauchzeichen fing alles an 69
Die Anfänge des Telefons 70
Telefone heute 71
So nutzen Mädchen und Jungen den Computer 72
Mona wünscht sich einen Computer 73
Philipp ist nicht mehr in Form 74
Post am Computer 75
Bei der Post ist viel los 76
Die Post früher und heute 77
Die Schlüsselscheibe 78
Verabredung mit Laura 79
Geübt und gekonnt 80

Bei den Wikingern 82
Wickie und die starken Männer 84
Die Leute von Birka 85
Die Wikingerzeit 86
Raubzüge der Wikinger 87
Heut ist Markt in Haithabu 88
Handel in Haithabu 89
Die Schiffe der Wikinger 90
Menschen aus Birka vermisst! 91
Vom Leben der Wikinger 92
Das Brettspiel Hnefatafl 93
Runensteine 94
Woher wissen wir vom Leben der Wikinger? 95
Geübt und gekonnt 96

Unser Wetter 98
Nebel, Nebel 100
Ein Regenmesser 101
Der Kreislauf des Wassers 102
Gewitter 103
Regen 104
Wolken 105
Wetterbeobachtung 106
Wettervorhersage 107
Regenschauer 108
Reime im Wolkenversteck 109
Geübt gekonnt 110

Freizeit! 112
Langeweile? Tu was! 114
Fußball 115
Ein langweiliger Tag 116
Tipps für gutes Kinderfernsehen 118
Lieblingsbücher! 119
Zu verkaufen! 120
Mein Lieblingsplatz 121
Hobbys 122
Im Schwimmbad 123
Papierflieger basteln 124
In der Bücherei 125
Geübt und gekonnt 126

Am Teich 128
Linnéa im Garten des Malers 130
Kleine Gewässer
mit großer Bedeutung 132
Der Fuchs und der Storch 133
Die Krötenstraße 134
Enten füttern? 135
Teichmolche 136
Eine Flöte aus Schilfrohr 137
Naturforscher unterwegs 138
Binsen 139
Am Teich 140
Sommerzeit – Mückenzeit 141
Geübt und gekonnt 142

178

Ein Buch entsteht 144
Bücher von Hilke Rosenboom 146
Ein Pferd namens Milchmann 148
Einige Wochen mit Milchmann 150
Ein Geschichtenplan 151
Neue Geschichten
von Milchmann 152
Schreibkonferenz 153
Milchmann wird entdeckt 154
Die Autorin Hilke Rosenboom 155
Pferdeäpfel! 156
So entsteht ein Buch 157

Jahreszeiten und Feste 158
Durch das Jahr 160
Frühling 162
Sommer 163
Herbst 164
Winter 165
Weihnachten 166

Das große Quiz 168
Wörterliste 170
Inhaltsverzeichnis 176
Lerninhalte 180

179

Lerninhalte

Kapitel	Lesen	Sprechen
Wir in der Schule	• Unterschiedliche Texte lesen: einen Erzähltext: S. 6, einen Erzähltext: S. 7 • Fragen zum Text beantworten: S. 8 • Sich in eine Figur hineinversetzen: S. 9	• Gesprächsregeln entwickeln und begründen: S. 10 • Eigene Gefühle äußern: S. 11 • Anliegen diskutieren und Lösungen suchen: S. 12
Kartoffeln, Kartoffeln	• Stichwörter aufschreiben: S. 22 • Informationen im Text finden: S. 23 • Sprichwörter deuten: S. 24 • Eine Zeichnung lesen: S. 25	• Ein Gespräch nachspielen: S. 26
Fledermäuse	• Unterschiedliche Texte lesen: einen Erzähltext: S. 36, einen Erzähltext: S. 37 • Sich Gelesenes vorstellen: S. 38–39 • Stichwörter finden und aufschreiben: S. 40	• Einen Vortrag halten: S. 41
Geheimnisvolles	• Unterschiedliche Texte lesen: einen Erzähltext: S. 52–53 • Einen Text lebendig vorlesen: S. 54 • Märchen erkennen: S. 55 • Über einen Text nachdenken: S. 56	• Ein Gedicht mit unterschiedlicher Betonung sprechen: S. 57
Morsen, plaudern, mailen	• Unterschiedliche Texte lesen: ein ABC-Darium: S. 68, einen Sachtext: S. 69 • Überfliegendes Lesen: S. 70 • Genaues Lesen: S. 71	• Diagramme lesen: S. 72 • Argumente finden: S. 73
Bei den Wikingern	• Unterschiedliche Texte lesen: Bücher und andere Medien: S. 84, einen Erzähltext: S. 85 • W-Fragen stellen: S. 86 • Zu Handlungen Stellung nehmen: S. 87	• Ein Gedicht spielen: S. 88 • Rollenspiel: S. 89
Unser Wetter	• Unterschiedliche Textsorten: S. 100 • Einen Text in Handlung umsetzen: S. 101 • Den Inhalt eines Sachtextes wiedergeben: S. 102	• Ein Gedicht lebendig vortragen: S. 103
Freizeit!	• Unterschiedliche Texte lesen: ein Gedicht: S. 114, ein Gedicht und einen Rap: S. 115 • Aussage eines Textes verstehen: S. 116–117 • Ein Fernsehprogramm lesen: S. 118	• Gewusst wie: Ein Kinderbuch vorstellen: S. 119
Am Teich	• Unterschiedliche Texte lesen: einen Erzähltext: S. 130–131 • Genau lesen: S. 132 • Fabeln kennen lernen: S. 133 • Unterschiedliche Textsorten vergleichen: S. 134	• Zum Nachdenken anregen: S. 135
Ein Buch entsteht	• Unterschiedliche Texte lesen: Klappentexte auf Kinderbüchern: S. 146–147 • Kinderbuchfiguren kennen lernen: S. 148–149 • Einen Text sinnvoll ordnen: S. 150	• Über einen Textentwurf sprechen: S. 151
Jahreszeiten und Feste	• Gedichte und Lieder kennen: S. 160–167	

Texte verfassen	Sprache untersuchen	Rechtschreiben
• Bitten und Wünsche aufschreiben: S. 13	• Nomen: S. 14 • Adjektive: S. 15	• Wörter mit ä und äu: S. 16 • Gewusst wie: Schwierige Wörter üben: S. 17
• Ein Rezept aufschreiben: S. 27	• Wortbausteine verändern Verben: S. 28 • Verschiedene Satzarten: S. 29	• Wörter mit doppelten Konsonanten: S. 30 • Gewusst wie: Fehlerwörter üben: S. 31
• Sachtexte planen: S. 42 • Gewusst wie: Ein Themenplakat entwerfen: S. 43	• Verben: Grundform, Personalform: S. 44 • Wortstamm und Wortfamilie: S. 45	• Gewusst wie: Nachschlagen im Wörterbuch: S. 46 • b oder p, d oder t, g oder k?: S. 47
• Wörtersammlungen: S. 58 • Eine Fantasiegeschichte zu einem Bild schreiben: S. 59	• Wörtliche Rede: S. 60 • Begleitsätze: S. 61	• Wörter mit ß: S. 62 • Wörter trennen: S. 63
• Meinungen begründen: S. 74 • Gewusst wie: Eine E-Mail schreiben: S. 75	• Nomen zusammensetzen: S. 76 • Gegenwartsform und Vergangenheitsform: S. 77 • Geheimschrift: S. 78	• Fremdwörter: S. 79
• Treffende Adjektive finden: S. 90 • Personen beschreiben: S. 91	• Pronomen: S. 92 • Satzglieder: S. 93	• Wörter mit aa, ee, oo: S. 94 • Silbentrennendes h: S. 95
• Eine Kettengeschichte schreiben: S. 104 • Poetisches Schreiben: S. 105	• Mit Adjektiven vergleichen: S. 106 • Adjektive mit -ig und -lich: S. 107	• Wörter mit tz: S. 108 • Wörter mit ck: S. 109
• Information und Werbung unterscheiden: S. 120 • Über eigene Erlebnisse schreiben: S. 121	• Das Prädikat: S. 122 • Verben und Nomen zusammensetzen: S. 123	• Wörter mit ie und i: S. 124 • Wörter mit Dehnungs-h: S. 125
• Einen Steckbrief schreiben: S. 136 • Treffende Verben finden: S. 137	• Das Subjekt: S. 138 • Subjekt und Prädikat: S. 139	• Wörter mit tz und z: S. 140 • Wörter mit ck und k: S. 141
• Zu kinderliterarischen Figuren schreiben: S. 152 • Gewusst wie: Einen Text überarbeiten: S. 153	• Nachgestellter Begleitsatz: S. 154 • Dialekt verstehen: S. 155	• Texte mit dem Computer überprüfen: S. 156 • Rechtschreibstrategien anwenden: S. 157

Quellenverzeichnis

Bildquellen

S. 4/5 Schultafel: Shutterstock/Ohishiapply. Schulweg: Fotolia/mhp. Papierflieger: Fotolia/PRILL Mediendesign.Geodreieck: Fotolia/Denis Junker. Zirkel: Shutterstock/genky. Pausenhof: Fotolia/Christian Schwier. Pausenbrot: Shutterstock/Irina Barcari. Brailleschrift: Shutterstock/Alsu. Kindergruppe: Shutterstock/Pressmaster. Kinder am Computer: Shutterstock/Monkey Business Images. Junge: Shutterstock/d13. Basketball: Fotolia/Robert Kneschke. Basteln: Fotolia/mariesacha. Klassenraum: Fotolia/Kzenon; **S. 7** Erhard Dietl: Die Olchis fliegen in die Schule, Verlag Friedrich Oetinger, Hamburg 1997; **S. 12** Martin Klein: Drei plus zwei – Detektei. Illustrationen von Amber Fuchs. Hrsg. Birgit Eschweiler, Sabine Kierzek, Verlag Friedrich Oetinger, Hamburg 2011; **S. 20/21** Illustration Kartoffelpflanze: pa picture alliance/dieKLEINERT. D. Kartoffelfeld: Fotolia/Digitalpress. Käfer: Mauritius images/ Reinhard Hölzl. Kartoffelknollen: Fotolia/imaginatio Teller: Shutterstock/ Nils Z. Puffer: Fotolia/Andrea Wilhelm. Pellkartoffel: Fotolia/Tom Bayer. Pommes: Shutterstock. Bratkartoffeln: Fotolia/ExQuisine. Chips: Fotolia/Schlierner. Keimende Kartoffeln: Fotolia/Photozi. Kinder ernten: Fotolia/st-fotograf. Kartoffeldruck: Fotolia/okunsto. Sorten: Fotolia/Barbara Pheby; **S. 22** Bild 1 racamani/Fotolia.com; Bild 2 Rosemarie Bolecke/PantherMedia; Bild 3 Carola Schubbel/Fotolia.com; Bild 4 OKAPIA/Hans Reinhard; Bild 5 Cornelsen Verlagsarchiv; **S. 25** © aid infodienst, Idee: S. Mannhardt; **S. 34/35** Körperbau: Fotolia/mostwest. Hängend: Shutterstock/Ivan Kuzmin. In Hand: Shutterstock/CreativeNature. nl. An Wand: Shutterstock/Meaning. Schwarm: Shutterstock/Sarun T. Stich: Fotolia/Erica Guilane-Nachez. Junge im Kostüm: Shutterstock/Marcin-linfernum. Fledermausbox: Shutterstock/CreativeNature. nl. Dachboden: Fotolia/Daniel Gutierrez. Ortungsgerät: Fotolia/philip kinsey. In Höhle: Shutterstock/Ethan Daniels; **S. 40** Bild 1 Joachim Neumann/Fotolia.com; Bild 2 WILDLIFE/K.Bogon; Bild 3 Samuel Jolly/PantherMedia; Bild 4 Dietmar Nill/naturepl.com; **S. 42** Screenshot: www.blinde-kuh.de, Suchbegriff: Fledermäuse, Zugriff 17.9.2012, 15.15 Uhr; **S. 45** Mauritius images/imagebroker; **S. 50/51** Schatzkarte: Fotolia/Schwankendes Ohr. Katze: Fotolia/sharpness71. Schatztruhe: Shutterstock/Ansis Klucis. Geister: Shutterstock/Ho Yeow Hui. Tagebuch: Shutterstock/lkphotographers. Schlüssel: Shutterstock/Anna-Mari West. Spinnennetz: Shutterstock/Vladimira. Burg: Shutterstock/Mel-nik. Froschkönig: Fotolia/Dirk Vaartjes. Baumhaus: Shutterstock/Elena Schweitzer. Kerzenleuchter: Fotolia/Maksim Šmeljov. Psst: Shutterstock/Luis Molinero. Tür: Shutterstock/Tusumaru; **S. 58/59** alle Bilder Ruth Brown: A Dark, Dark Tale. Random House Ltd. UK; **S. 61** Otfried Preußler: Der Räuber Hotzenplotz, mit Illustrationen von F. J. Tripp © by Thienemann Verlag (Thienemann Verlag GmbH), Stuttgart/Wien. www.thienemann.de; **S. 66/67** Morsegerät: Fotolia/frankoppermann. Telefon & Schreibmaschine: Fotolia/brat82. Vermittlung: AKG images. Flaschenpost: Fotolia/B. Wylezich. Feldpost: Sandra Knopke. Briefkästen: Shutterstock/gubgib. Brieftaube: Shutterstock/lineartestpilot. Dosentelefon: Shutterstock/pio3. Datenströme: Shutterstock/Sergey Nivens. Satellit: Shutterstock/qingqing. Computer: Fotolia/Markus Bormann. 3 Mädchen: Fotolia/Wrangler. Tablett: Fotolia/karelnoppe. Sprechblasen: Shutterstock/iadams; **S. 69** Fotolia/jonnysek; **S. 70** Bild 1 akg-images; Bild 2 Bettmann/CORBIS; Bild 3 coward_lion/PantherMedia; Bild 4 akg-images; Bild 5 James Steidl/Shutterstock.com; Bild 6 GRAZVYDAS JANUSKA/PantherMedia; **S. 71** Bild 1 Nikuwka/Shutterstock.com; Bild 2 Tito Wong/PantherMedia; Bild 3 digi_dresde/Fotolia.com; Bild 4 Nik Merkulov/Shutterstock.com; **S. 82/83** 2 Wikinger: Fotolia/khosrork. Thor: Shutterstock/Fotokostic. Wikingerschiff: Bridgeman. Comic-Wikinger: Shutterstock/subarashii21. Illustration Wikingerfrauen: Bridgeman. Wikingerwohnhaus: Shutterstock/jps. Galeerenkopf: Shutterstock/OlegDoroshin Runenstein: Shutterstock/jo Crebbin. Holzkopf: Shutterstock/MicheleBoiero; **S. 84** Runer Jonsson: Wickie und die starken Männer. Einband von Christoph Schöne. Ellermann im Dressler Verlag, Hamburg 2005; Bild 2 Wickie und die starken Männer, © 2013 Studio 100 Media GmbH, www.studio100.de; Bild 3 Wickie und die starken Männer, © 2013 Studio 100 Media GmbH, www.studio100.de; Bild 4 Wickie und die starken Männer, DVD, Oetinger Media GmbH, Hamburg 2008; Bild 4 Wickie und

die starken Männer, © 2013 Studio 100 Media GmbH, www.studio100. de; **S. 85** Mats Wahl, Björn Ambrosiani: Die Leute von Birka: So lebten die Wikinger. Illustrationen von Sven Nordqvist. Verlag Friedrich Oetinger, Hamburg 2002; **S. 95** alle Bilder akg-images/Werner Forman; **S. 98/99** Windfahne: Shutterstock/Alexandru Nika. Blitze: Shutterstock/cephotoclub. Barometer: Shutterstock/Artur Synenko. Tornado: Shutterstock/Minerva Studio. Regenschirm: Shutterstock/Cro_Mary. Wetterbeobachtung: Sandra Knopke. Junge mit Taucherbrille: Fotolia/kids. 4pictures. Thermometer: Fotolia/Helios. Dürre: Shutterstock/donghero. Schneeflocke: Shutterstock/Poznyakov. Wetterhahn: Shutterstock/Digoarpi. Regenbögen: Shutterstock/catolla. Wetterstation: Shutterstock/Paul Fleet. Wettersymbole: Shutterstock/RedKoala; **S. 100** Bild 1 Astrid Lindgren: Ronja Räubertochter. Einband von Ilon Wikland. Oetinger Verlag; Hamburg 1982; Bild 2 Mein Liederbuch. Cornelsen Schulverlage; Bild 3 Was ist Was, Band 7: Wetter. Sonne, Wind und Wolkenbruch. Tessloff Verlag Nürnberg; **S. 101** Christiane Bruns, Hildesheim; **S. 105** Fritz Overbeck, Gemälde: Sommerwolken/akg-images; **S. 112/113** Schaukel: Shutterstock/Mike Flippo. Brettspiele: Fotolia/Daniela Stärk. Hängematte: Fotolia/Aleksei Potov. Eis: Shutterstock/Alena Ozerova. Schwimmbad: Shutterstock/Samuel Micut. Stehpaddeln: Fotolia/Arochau. Schlittschuhe: Fotolia/studioJowita. Fussball: Shutterstock/Fotokostic. Trampolin: Shutterstock/Piotr Wawrzyniuk. Kicker: Fotolia/tinadefortunata. Spielkonsole: Fotolia/oldline2; **S. 118** Bild 1 Wicki und die starken Männer, © 2013 Studio 100 Media GmbH, www.studio 100.de; Bild 2 iconshow/Fotolia.com; Bild 3 Shutterstock/steveball; Bild 4 ZDF/Ralf Wilschewski; Bild 5 lumen-digital/Fotolia.com; Bild 6 Die Schule der kleinen Vampire, Hahn Film AG, Berlin; Bild 7 Die wilden Kerle, © ZDF, WunderWerk 2012; **S. 119** Milena Baisch: Anton taucht ab. Illustrationen von Elke Kusche. Beltz & Gelberg in der Verlagsgruppe Beltz, Weinheim & Basel 2012; **S. 121** Fotolia/wip-studio; **S. 128/129** Grüner Frosch: Fotolia/boule1301. 3 Kröten: Fotolia/Martina Berg. Laich: Fotolia/Martina Berg. Rohrkolben: Fotolia/faunuslsd. Krötenwanderung: Fotolia/mhp. Kreuzkröte: Fotolia/morelia1983. Papierboot: Fotolia/Spiber. Enten: Shutterstock. Kescher: Shutterstock/bikeriderlondon. Becherlupe: Fotolia/rboehme. Angeln: Shutterstock/Pavel L Photo and Video. Libelle: Shutterstock/Jason Patrick Ross. Seerosen: Fotolia/ead72. Karpfen: Fotolia/nmelnychuk; **S. 130** mauritius images/SuperStock; **S. 131** Claude Monet 1840–1926: „Le bassin aux nymphéas" (Der Seerosenteich, Seerosen und Japanische Brücke), 1899 © akg-images; **S. 132** Martin Kosa/PantherMedia; **S. 135** Bild 1 Shutterstock/Darryl Brooks; **S. 136** Cosmin Manci/Shutterstock.com; **S. 137** Christiane Bruns, Hildesheim; **S. 139** Mauritius images/Alamy; **S. 144/145** Papierstapel: Shutterstock/ChaiyonS021. Foto Hilke Rosenboom: Cornelsen. Carlsen Verlagsgebäude © anjazwei.de. Layoutskizzen: Anke Kuhl, Carlsen. Illustrationen Milchmann: Anke Kuhl, Carlsen. Foto © Anke Kuhl. Drucklage: Shutterstock/Moreno Soppelsa. Druckbögen gefalzt: Shutterstock/Moreno Soppelsa. Buchladen: Colourbox.com. Cover: Carlsen Verlag (s. Textquellen). 2 Kinder lesen: Fotolia/S. Kobold. Kind lesend: Fotolia/Monkey Business; **S. 146** Bild 1 Hilke Rosenboom, Hund Müller, Illustrationen von Dunja Schnabel, Carlsen Verlag GmbH, Hamburg 2007; Bild 2 Hilke Rosenboom, Das Handbuch für Prinzessinnen, Illustrationen von Franziska Harvey, Carlsen Verlag GmbH, Hamburg 2006; **S. 147** Bild 1 Hilke Rosenboom, Ferdi und der geheimnisvolle Reiter, Illustrationen von Eva Spanjardt, Carlsen Verlag GmbH, Hamburg 2008; Bild 2 Hilke Rosenboom: Olli wird großer Bruder. Illustrationen von Ute Krause. Boje Verlag, Köln 2010; **S. 149** Cover und **S. 152** alle Bilder: Hilke Rosenboom: Ein Pferd namens Milchmann. Illustration Anke Kuhl, Carlsen Verlag, Hamburg 2005; **S. 158/159** Kinder & Ostereier: Shutterstock/Pressmaster. Mädchen gärtnert: Fotolia/photophonie-. Apfelblüte: Shutterstock/pukach. Nest mit Eiern: Shutterstock/antpkr. Vogelkinder: Shutterstock/giSpate. Strohballenfiguren: Shutterstock/Harry Huber. Sonnenblumen: Shutterstock/Sergiy Bykhunenko. Zugvögel: Shutterstock/Miao Liao. Herbstlaub: Shutterstock/Alinute Silzeviciute Äpfel: Shutterstock/ANNA MURASHOVA PHOTO. Kastanien: Shutterstock/lsantilli. Futterhäuschen: Shutterstock/Artur_eM. Schneeengel: Shutterstock/gorillaimages. Plätzchenbacken: Shutterstock/BlueOrange Studio.

Textquellen

Seite

133 Äsop: Der Storch und der Fuchs. Aus: Christensen, Soren (Hrsg.): Der Fuchs und der Storch. Rechte bei der Übersetzerin Heidrun Redecke

130/ Björk, Christina: Linnéa im Garten des Malers (Auszug, gekürzt,
131 Vorspann hinzugefügt). cbj, München 1987 (übersetzt von Angelika Kutsch, mit einer Illustration von Lena Anderson)

42 Blinde Kuh Screenshot: www.blinde-kuh.de, Suchbegriff: Fledermäuse, Zugriff 17.9.2012, 15.15 Uhr

56 Boie, Kirsten: Alles total geheim (Auszug, gekürzt). Verlag Friedrich Oetinger, Hamburg 1990

6 Boie, Kirsten: Wieder zurück! Aus:Verflixt – ein Nix! (Auszug, gekürzt, Titel hinzugefügt).Verlag Friedrich Oetinger, Hamburg 2003

163 Britting, Georg: Die Sonnenblume. Aus: Gedichte 1919–1933. Nymphenburger Verlagshandlung, München 1957

54 Brown, Ruth: Eine dunkle, dunkle Geschichte (gekürzt). Nacherzählt von Barbara Haupt. Hoch Verlag, Düsseldorf 1984

134 Bydlinski, Georg: Die Krötenstraße: Aus: Wasserhahn und Wasserhenne. Dachs Verlag, Wien 2002

37 Cannon, Janell: Stellaluna (Auszug, gekürzt). Aus dem Engl. von Till Martin. Carlsen Verlag, Hamburg 1994

114 Clormann-Lietz, Nora: Langeweile? Tu was! (gekürzt). Aus: Hans-Joachim Gelberg (Hrsg.): Großer Ozean. Gedichte für alle. Programm Beltz & Gelberg, Beltz, Weinheim/Basel 2006

100 Crummenerl, Rainer: (Text B) Auch wer noch nie ... (Wann entsteht Nebel?). Aus: Das Wetter. Tessloff Verlag, Nürnberg 1999

7 Dietl, Erhard: Die Olchis fliegen in die Schule (Auszug, gekürzt). Verlag Friedrich Oetinger, Hamburg 1997

115 Erhardt, Heinz: Fußball. Aus: Das große Heinz Erhardt Buch. Fackelträger Verlag, Hannover 1999, alle Rechte beim Autor

165 Falke, Gustav: Winter. Aus: Andresen, Ute (Hrsg.): Im Mondlicht wächst das Gras. Ravensburger Buchverlag, Ravensburg 1991

116/ Frey, Jana: Ein langweiliger Tag (Auszug, gekürzt, Titel geändert,
117 Vorspann hinzugefügt). Aus: Störenfrieda. Arena Verlag, Würzburg 2011

55 Grimm, Jakob und Wilhelm: Der goldene Vogel. Ellermann Verlag, München 1981

20/21 Guggenmos, Josef: Auf dem Acker sprießt ein Kraut. Ein Borkenkäfer. Aus: Groß ist die Welt. Beltz & Gelberg in der Verlagsgruppe Beltz, Weinheim/Basel, 2006

167 Guggenmos, Josef: Neujahrsnacht. Aus: Was denkt die Maus am Donnerstag? Süddeutsche Zeitung GmbH, München 2006, Lizenzausgabe Beltz Verlag, Programm Beltz & Gelberg, Weinheim/Basel

8 Härtling, Peter: Sofie vergisst eigentlich nichts. Aus: Sofie macht Geschichten. Beltz & Gelberg in der Verlagsgruppe Beltz, Weinheim/Basel 1996.

162 Heine, Heinrich: Leise zieht durch mein Gemüt. Aus: Briegleb, Klaus (Hrsg.): Heinrich Heine. Sämtliche Gedichte in zeitlicher Abfolge. Insel Verlag, Frankfurt/Leipzig 2005

88 Höferle, Hartmut E.: Heut ist Markt in Haithabu. Aus: Die Wikinger sind los. Ökotopia Verlag, Münster 2003

50/51 Hughes, Richard: Erklärung für spätes Heimkommen. Aus: Baumann, Hans (Hrsg. und Übersetzer): Ein Reigen um die Welt. Mohn, Gütersloh 1965

84 Jonsson, Runer: Wickie und die starken Männer (Klappentext). Ellermann Verlag, Hamburg 2005

26 Kästner, Erich: Anton kocht (Auszug, gekürzt). Aus: Pünktchen und Anton. Atrium Verlag, Zürich 1999

12 Klein, Martin: Kartenfieber. Aus: Drei plus zwei – Detektei (Auszug, gekürzt, mit Illustrationen von Amber Fuchs). Birgit Eschweiler / Sabine Kierzek (Hrsg.), Verlag Friedrich Oetinger, Hamburg 2011

62 Könnecke, Ole: Lola und das Gespenst (Text verändert). Rowohlt Verlag, Hamburg 1997

33 Könner, Alfred: Wer mäuschenstill am Bache sitzt. Aus: Remmers, Ursula/Warmbold, Ursula (Hrsg.): Von der Erde bis zum Mond: Gedichte für Kinder. Reclam Verlag, Ditzingen 2004

121 Leitzgen, Anke M.: Mein Lieblingsplatz. Nach einem Text aus: Entdecke deine Stadt. Stadtsafari für Kinder. Foto von Thekla Ehling. Beltz & Gelberg in der Verlagsgruppe Beltz, Weinheim & Basel, 2010

100 Lindgren, Astrid: (Text C) Und dann begannen sie ... Aus: Ronja Räubertochter. Dt. von Kornitzky, Anna-Liese. Verlag Friedrich Oetinger, Hamburg 1982

14 Mai, Manfred: Auf der Schultreppe. (Titel geändert: Annes neue Uhr ist weg). Aus: Die schönsten Leselöwen-Schulgeschichten. Loewe Verlag, Bindlach 1999

14 Manz, Hans: Wunder des Alltags. Aus: Gelberg, Hans-Joachim (Hrsg.): Überall und neben dir. Gedichte für Kinder. Beltz & Gelberg in der Verlagsgruppe Beltz, Weinheim/Basel 1989

9 Minte-König, Bianka: Der fiese Freddy. Aus: Luzie Luzifer stoppt den fiesen Freddy (Auszug, gekürzt). Kerle Verlag, Freiburg/Wien 2000

141 Minte-König, Bianka: Sommerzeit – Mückenzeit (Auszug, gekürzt). Aus: Komm, wir entdecken den Sommer. Thienemann Verlag, Stuttgart 2002

115 Mölders, Rita: Elfmeter-Kanone. Aus: Primarmusik. Kontakte Musikverlag, Lippstadt 2003

57 Morgenstern, Christian: Gruselett. Aus: Haffmans, Gerd (Hrsg.): Galgenlieder. Insel Verlag, Frankfurt 2005

161 Morgenstern, Christian: Wie sich das Galgenkind die Monatsnamen merkt. Aus: Haffmans, Gerd (Hrsg.): Galgenlieder. Insel Verlag, Frankfurt 2005

164 Mörike, Eduard: Septembermorgen. Aus: Baumann, Gerhart/ Grosse, Siegfried (Hrsg.): Mörike, Eduard. Sämtliche Werke. Deutscher Bücherbund, Stuttgart 1961, Lizenzausgabe des Winkler-Verlages, München

103 Moser, Erwin: Gewitter. In: Gelberg, Hans-Joachim (Hrsg.): Überall und neben dir. Programm Beltz & Gelberg, Beltz, Weinheim/Basel 1989

60 Preußler, Otfried: Das Geheimnis der Unke (gekürzt). Aus: Der Räuber Hotzenplotz. Thienemann Verlag GmbH, Stuttgart/Wien

100 Pudelko, Walther/Blume, F.: (Text A) Nebel, Nebel, weißer Hauch (Lied). Aus: Musikanten, wir kommen. Bärenreiter Verlag, Kassel 1948

134 Raths, H.: Vorsicht Krötenwanderung. Aus: Hildesheimer Allgemeine Zeitung, 30.3.2006

164 Rettl, Christine: Herbstpropeller. Aus: Ein Rucksack voll Gespenster. Verlag St. Gabriel, Mödling 1997

160 Ringelnatz, Joachim: Das Samenkorn. Aus: Sämtliche Gedichte. Diogenes Verlag, Zürich 2005

146/ Rosenboom, Hilke: Hund Müller (Klappentext). Carlsen Verlag,
147 Hamburg 2007
Das Handbuch für Prinzessinnen (Klappentext). Carlsen Verlag, Hamburg 2009
Ferdi – und der geheimnisvolle Reiter (Klappentext). Carlsen Verlag, Hamburg 2008
Olli wird großer Bruder (Klappentext). Boje Verlag, Köln 2010

148/ Ein Pferd namens Milchmann (Auszüge, gekürzt). Carlsen Verlag,
149 Hamburg 2005

154,
156
72 So nutzen Mädchen und Jungen den Computer. Medienpädagogischer Forschungsverbund Südwest, www.mpfs.de, KIM-Studie 2010, Basis: PC-Nutzer zu Hause, n=885

38/39 Sommer-Bodenburg, Angela: Das Ding am Fenster (Auszug, gekürzt, Titel hinzugefügt). Aus: Der kleine Vampir. Rowohlt Verlag, Hamburg 2000

74 Spathelf, Bärbel: Philipp ist nicht mehr in Form (Auszug, gekürzt, Titel hinzugefügt). Der TC-Gucki. Albarello Verlag, Wuppertal 2005

52/53 Steinhöfel, Andreas: Oskar ist verschwunden (Auszug, gekürzt, Vorspann hinzugefügt). Aus: Rico, Oskar und die Tieferschatten. Carlsen Verlag, Hamburg 2008

118 Tipps für gutes Kinderfernsehen, HÖRZU Fernsehprogramm (Heft 31) vom 4. bis 10.8 2012, Seite 110, (Heft 33) vom 18. bis 24.8.2012, Seite 110, Axel Springer AG Hamburg

162 Vahle, Fredrik: Das Ei. Aus: Fischbrötchen beim Friseur. Middelhauve Verlag, München 1990

163 Vonhoff, Heinz: Eidechsen lieben den Sonnenschein. Aus: Bühler, Ernst/Lobeck, Margrit: Scheine Sonne, scheine. Kinderverse und Gedichte für die ersten Schuljahre. Verlag Freies Geistesleben, Stuttgart 1987

85 Wahl, Mats / Ambrosiani, Björn: Die Leute von Birka: So lebten die Wikinger (Auszug, gekürzt). Deutsch von Angelika Kutsch. Cover-Illustration von Sven Nordqvist. Verlag Friedrich Oetinger, Hamburg 2002

36 Willis, Jeanne: Kopf hoch, Fledermaus! (Auszug, gekürzt, Vorspann hinzugefügt). Aus dem Engl. von Stephanie Menge. Patmos Verlag und Sauerländer, Mannheim 2010

166 Zoller, Hans Alfred: Stern über Bethlehem (Text und Melodie). Gustav Bosse Verlag, Kassel 1964

**Basisbuch
Sprache · Lesen
3**

Christiane Bruns, Eva Jochmann, Irmgard Mai, Sybille Schaub, Julia Schröder

Redaktion:	Gabriela Korup, Elisabeth Wagner
Illustrationen:	Eva Czerwenka, Tobias Krejtschi, Katrina Lange
Collagen:	Saskia Klemm, Sandra Knopke
Umschlagillustration:	Eva Czerwenka
Gesamtgestaltung und technische Umsetzung:	Heike Börner
Notensatz:	Kontrapunkt Satzstudio, Bautzen
Bildredaktion:	Janin Hacker

Unter Beratung von:
Katharina Begovic (Nieder-Olm), Nadine Beilfuß (Wermelskirchen),
Daniel Berensmann (Dortmund), Martina Kleinschmidt (Arnsberg),
Christa Merker (Bielefeld), Julia Misterek (Bassenheim),
Britta Nutt-Winter (Bochum), Marion Oeynhausen (Bad Driburg),
Karen Schad (Werl), Anke Schmittinger (Reilingen),
Roswitha Siekmann-Zegarek (Bad Oeynhausen), Nina Tholen (Oldenburg),
Anja Vetter (Rülzheim)

www.cornelsen.de

Die Webseiten Dritter, deren Internetadressen in diesem Lehrwerk angegeben sind, wurden vor Drucklegung sorgfältig geprüft. Der Verlag übernimmt keine Gewähr für die Aktualität und den Inhalt dieser Seiten oder solcher, die mit ihnen verlinkt sind.

1. Auflage, 4. Druck 2018

Alle Drucke dieser Auflage sind inhaltlich unverändert
und können im Unterricht nebeneinander verwendet werden.

© 2013 Cornelsen Schulverlage GmbH, Berlin
© 2017 Cornelsen Verlag GmbH, Berlin

Das Werk und seine Teile sind urheberrechtlich geschützt.
Jede Nutzung in anderen als den gesetzlich zugelassenen Fällen bedarf
der vorherigen schriftlichen Einwilligung des Verlages.
Hinweis zu §§ 60 a, 60 b UrhG: Weder das Werk noch seine Teile dürfen ohne eine
solche Einwilligung an Schulen oder in Unterrichts- und Lehrmedien (§ 60 b Abs. 3 UrhG)
vervielfältigt, insbesondere kopiert oder eingescannt, verbreitet oder in ein Netzwerk
eingestellt oder sonst öffentlich zugänglich gemacht oder wiedergegeben werden.
Dies gilt auch für Intranets von Schulen.

Druck: Mohn Media Mohndruck, Gütersloh

ISBN 978-3-06-083012-1 (Schülerbuch)
ISBN 978-3-06-083945-2 (E-Book)

PEFC zertifiziert
Dieses Produkt stammt aus nachhaltig
bewirtschafteten Wäldern und kontrollierten
Quellen.
www.pefc.de

PEFC/04-31-1033